XEQUE-MATE NAS SOMBRAS - A VITÓRIA DA LUZ

Copyright © 2017 by Samuel Gomes

1ª edição | Novembro 2017 | 1º ao 4º milheiro
1ª reimpressão | Junho 2019 | 5º ao 6,5º milheiro

Dados Internacionais de Catalogação Pública (CIP)

LUIZ, ANDRÉ (Espírito)

Xeque-mate nas sombras - a vitória da luz;
Pelo espírito André Luiz; psicografado por Samuel Gomes
1ª ed. - Belo Horizonte: Dufaux, 2017

214 pág. - 16 x 23 cm   ISBN: 978-85-63365-94-1

1. Espiritismo   2. Espiritualidade   3. Relações humanas

I. Título   II. GOMES, Samuel

CDU — 133.9

Impresso no Brasil   Printed in Brazil   Presita en Brazilo

EDITORA DUFAUX
R. Contria, 759 - Alto Barroca
Belo Horizonte - MG, 30431-028
Telefone: (31) 3347-1531
comercial@editoradufaux.com.br
www.editoradufaux.com.br

 Conforme novo acordo ortográfico da língua portuguesa ratificado em 2008.

Todos os direitos reservados à Editora Dufaux. É proibida a sua reprodução parcial ou total através de qualquer forma, meio ou processo eletrônico, sem prévia e expressa autorização da Editora nos termos da Lei 9 610/98, que regulamenta os direitos de autor e conexos.

Adquira os exemplares originais da Dufaux, preservando assim os direitos do autor.

PSICOGRAFIA DE
SAMUEL GOMES

PELO ESPÍRITO
ANDRÉ LUIZ

TRILOGIA
REGENERAÇÃO

XEQUE-MATE NAS SOMBRAS

A VITÓRIA DA LUZ

Série
Regeneração

Dufaux
editora

SUMÁRIO

PALAVRAS INICIAIS

NOVAS REFLEXÕES

CAPÍTULO 1
PROPOSTA DO GOVERNADOR..16

CAPÍTULO 2
PRECE SENTIDA..20

CAPÍTULO 3
LIVROS E MENSAGENS DE ALERTA................................26

CAPÍTULO 4
AÇÕES NECESSÁRIAS...30

CAPÍTULO 5
NOVAS OBSERVAÇÕES SOBRE DESLOCAMENTO.......34

CAPÍTULO 6
PRIMEIRA PROVIDÊNCIA..38

CAPÍTULO 7
MUDANÇA DE POSTURA ÍNTIMA....................................42

CAPÍTULO 8
SURPRESA A MEUS OLHOS...46

CAPÍTULO 9
REFLEXÕES PROFUNDAS..52

CAPÍTULO 10
UM CHEFE DE FALANGE..60

CAPÍTULO 11
A LIMPEZA NO MUNDO..68

CAPÍTULO 12
FASE DIFERENTE DE VIDA...74

CAPÍTULO 13
O APÓSTOLO DA GENTILIDADE..80

CAPÍTULO 14
PRESENÇA DE MENSAGEIRO CELESTIAL.......................90

CAPÍTULO 15
DIÁLOGO ESCLARECEDOR...96

CAPÍTULO 16
OS ESCLARECIMENTOS PROSSEGUIAM......................102

CAPÍTULO 17
CONHECIMENTOS ELEVADOS..108

CAPÍTULO 18
MOMENTOS CRUCIAIS...114

CAPÍTULO 19
RECOLHIMENTO INUSITADO..................120

CAPÍTULO 20
NOVAS POSSIBILIDADES........................130

CAPÍTULO 21
VALORES REAIS.....................................136

CAPÍTULO 22
CRIAÇÃO..142

CAPÍTULO 23
ASSUNTO EM VOGA................................146

CAPÍTULO 24
REFLEXÕES SOBRE A VISÃO DO FUTURO.............152

CAPÍTULO 25
PERGUNTAS E RESPOSTAS....................160

CAPÍTULO 26
REFLEXÕES ÍNTIMAS..............................164

CAPÍTULO 27
SENSIBILIDADE SUPERIOR.....................168

CAPÍTULO 28
A QUEM MUITO É DADO..........................172

CAPÍTULO 29
PROGRAMA DE RESGATE..178

CAPÍTULO 30
PRINCÍPIO LIBERTADOR...184

CAPÍTULO 31
A CAMINHO DA LUZ..188

CAPÍTULO 32
TRABALHO INFINITO..192

CAPÍTULO 33
UM ATÉ BREVE..196

PALAVRAS INICIAIS

Meus queridos irmãos e amigos do coração!

É chegada a hora de estabelecer novos raciocínios e abraçar a proposta de fortalecimento do ideal superior, a fim de que nossas ações, congregadas para o mesmo fim, nos transformem em espíritos redimidos do mal e a Terra em um mundo onde o bem prepondera.

Esses dois projetos, que se traduzem em causa e efeito natural, um do outro, farão com que possamos caminhar com maior segurança para a vitória de nossos espíritos sobre a influência da matéria, estabelecendo a Era do Espírito na Terra.

Nosso objetivo não é alardear preocupações ou criar perspectivas perturbadoras, já que, no Universo, a Lei de Destruição opera as mudanças das formas perecíveis para que a essência inteligente do ser se expanda. E essas transformações não trazem características de terror ou medo, pois têm por objetivo a iluminação espiritual.

A bondade de Deus age como influência providencial, sempre dinâmica e atuante, para se atingir a felicidade real que está sempre vinculada à realidade espiritual.

Assim, nossas experiências e reflexões nesta nova obra, objetivam a projeção da mente augusta do Cristo que estabeleceu os fins dos tempos, ou seja, o término da inferioridade na humanidade para que os valores do espírito imortal se sobreponham e dirijam os destinos de todos nós.

Nada falaremos de extraordinário, pois a simplicidade e a humildade são marcas da Presença Divina em qualquer quadrante da criação infinita.

Nosso estimado André Luiz e eu construímos juntos essa tarefa e nos sentimos felizes de poder compartilhar com todos os interessados nesta busca, parte do que temos aprendido. Desejamos crescer refletindo os propósitos de Jesus que afirmou a seu discípulo amado, na escrita do Apocalipse que, da parte de Deus, descerá dos céus a Nova Jerusalém![1]

Clarêncio

Belo Horizonte, fevereiro de 2017.

---

1 Apocalipse, 21:2.

NOVAS REFLEXÕES

Compreendendo a necessidade dos mentores vinculados à Colônia Nosso Lar[1] de oferecerem esclarecimento espiritual, retornamos com a predisposição de acrescentar alguns apontamentos sobre o trabalho de Regeneração da Terra. Buscamos ampliar a percepção das mudanças benéficas que ocorrerão quando os homens e os espíritos, decidirem realizar sua sublimação moral.

Novamente, faço parceria com Clarêncio, esse estimado amigo, pai e mentor de meu coração, que abraçou, a pedido de minha mãe, a incumbência de minha orientação espiritual após meu último desencarne, assumindo a responsabilidade do que nomeamos de mentor ou anjo da guarda de espíritos nas minhas condições.

Hoje, na condição do estudante que se formou nos primeiros cursos de espiritualidade superior, preciso aplicar os recursos recebidos na vivência própria, dispondo de sua cooperação esclarecedora e sempre presente, porém, agora, também na posição de quem se candidata ao professorado, caminhando cada vez mais pelos próprios pés.

A repercussão da primeira obra escrita nesse sentido, que se denominou O futuro espiritual da Terra[2], teve o propósito de levar bem-estar e esperança em um futuro melhor, não só para o plano físico como também em nossos ambientes espirituais.

---

[1] Cidade do plano espiritual apresentada livro Nosso lar, de autoria espiritual de André Luiz, psicografado por Chico Xavier – Editora FEB.
[2] Obra de autoria espiritual de André Luiz, psicografada por Samuel Gomes, Editora Dufaux.

Esse primeiro livro serviu para a mente dos leitores à semeadura. Agora, damos sequência à tarefa iniciada, adubando e cuidando para que os brotos nascentes venham a se fortalecer diante da severidade dos acontecimentos.

Encontraremos no amanhã uma colheita farta de bênçãos e alegrias nascidas do dever bem cumprido, sob o amparo do Jardineiro Celeste de nossas vidas.

Que possamos, sob o amparo amoroso do Cristo, trazer algumas notas de esclarecimentos vivos sobre o tema, que tem sido a necessidade de todos nós, atendendo à urgência de aprimoramento aos que querem permanecer no orbe, bem como despertar aqueles que foram preparados em nossas colônias e assumiram compromissos do lado de cá da vida.

Claro que não é só pelos de nossa colônia espiritual que esse objetivo se materializa, mas também nas outras instituições e colônias das esferas elevadas, que fazem o mesmo trabalho de aprimoramento dos espíritos, onde não há diferenças quanto a essa ação, na qualificação continuada dos nossos irmãos em processo de reencarnação, e com os quais se tornam evidentes os compromissos fixados em honrar a individualidade ímpar de Jesus.

Realizo mais esta obra com o entusiasmo do trabalhador sincero e com gratidão pelo amparo que me permite dar mais alguns passos no campo do esclarecimento de nossos irmãos internados na esfera física.

Peço, mais uma vez, as bênçãos do alto para cumprir essa tarefa, que nada tem de extraordinária, visando a estimular nossos irmãos da Terra tanto quanto nós mesmos na luta de redenção e no cumprimento de nossas responsabilidades, sustentados por essa disposição para a edificação de um mundo melhor.

Agradeço a oportunidade de poder ser, mais uma vez, o intérprete dos mensageiros sublimes, chance que nasce do coração bondoso desses nossos irmãos da vanguarda evolutiva que, com o orvalho divino de seus sentimentos, nos oferecem a orientação sábia de seus espíritos iluminados.

Desejando paz no coração de todos, reiniciamos as reflexões sobre o tema Regeneração, tentando mostrar algo do futuro que o planeta apresentará quando todos nós vivermos a mensagem do Evangelho, clima natural dessa morada redimida.

Paz a todos!

André Luiz

Belo Horizonte, fevereiro de 2017.

capítulo 1

PROPOSTA DO GOVERNADOR

A pedido de Clarêncio, estávamos reunidos para realizar algumas atividades em Nosso Lar que, em futuro breve, serviriam de material de estudo para nossos irmãos no plano físico.

As atenções estavam voltadas para os momentos delicados enfrentados nos planos físico e espiritual, notadamente às regiões inferiores que sofrem uma pressão mais forte, no que diz respeito à sua regeneração.

Efetivamente, essa condição regenerativa já vinha ocorrendo com ênfase na limpeza astral, uma vez que a erupção das sujeiras morais estava em evidência, tanto a nível individual como coletivo.

Nesse cenário, as distorções da verdade reveladas nos acontecimentos constrangedores pediam uma transformação urgente de valores que até agora eles elegeram: corrupção, separação étnica, restrição de comunicação por diversidade de linguagem, exploração inadequada de recursos, imperialismo, lutas pelo poder e tantos outros problemas dão o tom de urgência nas mudanças inadiáveis.

A solução aponta para a necessidade de apoio mútuo à solução dos problemas básicos de sobrevivência, intensificando a confraternização entre os povos, o respeito às suas crenças e o rompimento com os preconceitos em todos os aspectos da vida, colocando os valores do espírito imortal como o fundamento mais importante da existência.

Clarêncio informou que, depois de participar de uma reunião com todos os ministros de Nosso Lar, o Governador estabeleceu algumas ações para que a colônia atue de forma mais efetiva nas mudanças que o planeta deve sofrer para ser um mundo regenerado.

Ampliando para nós as questões em torno das iniciativas, esclareceu:

– Nosso Governador determinou que todos os Ministérios contribuam mais intensamente nas transformações que o plano físico e as esferas inferiores terão de passar. Muitos de nossos irmãos desencarnados se encontram perdidos, em sofrimentos terríveis que os conduzem a passar por um filtro de valores, definindo se continuarão ou não vivendo no planeta daqui para frente.

Todas as colônias e postos de auxílio que se encontram na Terra servirão de ponto de apoio para recolher esses companheiros, seja para receberem recursos visando a melhorar suas qualidades morais – se tiverem condições de continuar no orbe –, seja para encaminhá-los ao degredo planetário.

As nossas equipes de trabalho já estão preparadas para atuar nesse sentido. O objetivo principal é introduzir esses serviços espirituais de resgate nas atividades da esfera física em todos os setores da vida humana.

Dando iniciativa a um diálogo mais aberto, complementei sua informação:

– Já temos recebido e feito muito neste sentido.

– Isso mesmo – falou, olhando-me nos olhos –, mas agora todos os Ministérios de Nosso Lar, inclusive o da União Divina e o da Elevação, focarão nessa nova etapa de finalização da limpeza astral. Esta é uma orientação feita pelo próprio Cristo a todos os planos que estão diretamente ligados ao planeta Terra.

As profecias do Apocalipse – trazidas pelas mãos abnegadas de João Evangelista – tornam-se realidade nos dias de hoje, pois em sua feição espiritual, cumprem as determinações recebidas diretamente do Mestre, que traçou os acontecimentos determinantes dessa virada na evolução planetária.

Recebendo mais alguns apontamentos complementares, partíamos dali determinados a atuar no saneamento final do planeta, trazendo para ele a leveza e a suavidade de um clima de elevação vibratória.

capítulo 2

PRECE SENTIDA

Clarêncio e eu fomos ao encontro de amigos do Ministério do Esclarecimento para realizar uma reunião prática a respeito das atividades regeneradoras que deveríamos executar nos dois planos da vida.

Era a primeira vez que entrava naquele educandário, construído no mais fiel estilo grego. Ao passar por seu pórtico esplendoroso, fiquei extremamente impressionado.

Percebendo meu encantamento, Clarêncio me informou:

— Esta universidade espiritual foi construída depois que tivemos a felicidade de receber a visita de um dos mais sábios e eminentes espíritos que viveram na Antiga Grécia. Ele esteve em nossa colônia para introduzir um novo processo de ensino.

Trata-se de Aristóteles[1], coração generoso e nobre, um filósofo sábio que enriqueceu a Terra com seus conhecimentos e carisma especial.

Essa instituição adequa os elevados princípios desenvolvidos por ele à realidade das nossas condições espirituais, desdobrando-os em noções que despertam para a realidade espiritual.

Caminhando por entre vários ambientes de ensino, entramos em uma sala na qual nobre companheiro nos cumprimentou carinhosamente. Tinha um olhar profundo, sorriso amplo e amoroso, dando-me a impressão de que éramos antigos afetos de sua amizade.

---

1 Aristóteles (384 a.C. — 322 a.C.) foi um filósofo grego e seus escritos abrangem diversos assuntos, como a Física, a Metafísica, as Leis da Poesia e do Drama, a Música, a Lógica, a Retórica, o Governo, a Ética, a Biologia e a Zoologia. Com Platão e Sócrates (professor de Platão), Aristóteles é visto como um dos fundadores da Filosofia ocidental.

Pela espontaneidade com que Clarêncio o cumprimentou, parecia que já tinha estreita relação com o emissário. Era a primeira vez que eu cruzava com aquele olhar, mas já sentia uma grande afinidade por ele, estando bem à vontade e naturalmente estreitado em suas vibrações afetivas. Era muito comum acontecer esses envolvimentos em encontros com entidades de envergadura elevada, seja em Nosso Lar ou em qualquer outra instituição de auxílio, em função do magnetismo irresistível que os envolve.

Ele se chamava Epicuro, um dos ministros da União Divina, e seu nome era uma homenagem ao filósofo que viveu também na Grécia[2], cujos ensinos baseados no prazer de viver, os quais pregava pelo exemplo de sua própria vida, sóbria e elevada, não foram bem compreendidos. Ele não falava das sensações do prazer distorcido pelo gozo e satisfação imediata da existência material, o que impediu o entendimento da sua busca pelo amor legítimo.

A sala em que estávamos era circular e possibilitava uma participação mais aberta, favorecendo a troca de informações e ensinamentos.

Epicuro iniciou o diálogo:

— Meus queridos companheiros, que nosso Mestre de amor e bondade envolva nossos objetivos e os assuntos tratados aqui.

Peço a nosso querido Clarêncio, que nos visita representando o Ministério do Auxílio, para fazer a prece por todos nós.

---

2 Epicuro de Samos (341 a.C. — 271 ou 270 a.C.) foi um filósofo grego do período helenístico. Seu pensamento foi muito difundido e numerosos centros epicuristas se desenvolveram na Jônia, no Egito e, a partir do século I, em Roma, onde Lucrécio foi seu maior divulgador.

Profundamente sensibilizado, Clarêncio rogou ao alto:

– Pai de sabedoria e amor infinitos!

Aqui nos reunimos contando com a Sua presença na intimidade de cada um de nós. Trazemos no próprio coração um templo augusto e formoso, para que Sua ação se manifeste e determine nossas escolhas, as quais devem concretizar os ensinos de Jesus ao nos orientar que a Sua Vontade deve se fazer acima das nossas.

Nossas existências não teriam sentido algum sem a Sua expressiva manifestação junto a nós!

Quando carentes de Seu amor, ofereceu-nos a presença do Cristo, personificação viva do amor que nos deixou uma estrada a ser percorrida pelos nossos próprios pés, no esforço perseverante de amarmos uns aos outros, como Ele mesmo nos amou.

Antecipando nossas necessidades e assessorados, não só por esse Educador de primeira grandeza, ainda recebemos, pela Sua providência, o auxílio de outros emissários celestes que, na feição do Cireneu, nos ajudam a carregar nossa cruz – fardos de nossas limitações morais.

Por isso mesmo rogamos, com o sincero sentimento de gratidão, para que continue a nos auxiliar sempre, a fim de que, por nossa vez, venhamos a ajudar nossos irmãos da retaguarda, repetindo a ação generosa pela qual recebemos o amparo. Assim nos transformamos em benfeitores daqueles que precisam de nós e representamos Sua presença junto a eles.

Clarêncio fez um ligeiro intervalo e continuou profundamente sensibilizado e todo iluminado por suave claridade:

– Que a ação lúcida e clara nos conduza, nesses momentos finais de limpeza espiritual da Terra, para que o amor a nossos irmãos resistentes ao bem seja o orvalho que cai no terreno de suas almas, a fim de que as sementes do bem venham a florescer. Quem sabe, no amanhã, possam eles também sentir essa necessidade íntima como fundamento à própria vida!

Ao término da prece, sentimos as luzes que desciam sobre nós como sentimentos consoladores em resposta às rogativas.

Com os olhos marejados, permanecemos profundamente sensibilizados e felizes por participarmos daquele projeto de transformação do planeta.

capítulo 3

LIVROS E MENSAGENS DE ALERTA

A reunião começou no clima da mais expressiva fraternidade. Nosso companheiro Epicuro assim falou a todos que ali se reuniam:

— Nosso Governador nos incumbiu de organizar, mais efetivamente, as ações coletivas ou individuais no auxílio ao expurgo planetário dos planos inferiores do orbe. Devemos estabelecer algumas providências quanto ao o que de melhor nossa colônia poderá fazer.

Primeiro, vamos providenciar amplos esclarecimentos sobre o tema junto aos homens, sem caráter alarmante, que sirvam de alertas, utilizando livros, mensagens mediúnicas, artigos inspiradores, reuniões de trabalhos doutrinários, enfim, todos os meios possíveis. Pediremos maior grau de vigilância e operosidade no bem, visando a uma maior afinidade conosco para que se transformem em instrumentos sob nossa influenciação.

Após essa introdução, nosso estimado companheiro Serprônio, representando o Ministério da Comunicação, completou as informações:

— Nesse sentido, há anos já trabalhamos no despertar de muitos companheiros que foram preparados em nossa colônia a esse fim. A mediunidade tem sido um dos campos de maior aprimoramento daqueles que saíram daqui para reencarnar.

Esses irmãos, espalhados em todos os quadrantes do Brasil, são acompanhados nessa programação e detêm grande possibilidade de estreitamento entre os dois planos.

Entretanto, temos notado que alguns companheiros, que se encontram na frente de muitas instituições do movimento espírita, apresentam um cuidado exagerado na preservação da pureza doutrinária, focada, principalmente, na qualidade literária, em decorrência do crescimento acentuado na produção de livros psicografados.

É claro que se tornam importantes a avaliação e a vigilância nesse sentido, com base nos sentimentos de respeito e carinho que devem estar presentes no relacionamento entre os trabalhadores de Jesus, pautado pela compaixão e educação. Mas que esses cuidados não se transformem em pedra de tropeço e criem obstáculos aos trabalhos de nossa esfera, os quais vêm se intensificando em possibilidades e ação.

Para atestarem a qualidade das obras, é importante que eles se detenham no conteúdo delas, averiguem a influência positiva e esclarecedora que trazem, chequem se preparam os seres para a harmonização íntima e os fortaleçam em suas lutas redentoras.

Apurada atenção dominava todos nós. Eram evidentes as repercussões íntimas que se desdobravam daquelas ponderações. Atentos, continuamos a ouvi-lo:

— Para contribuirmos mais diretamente nesse aspecto, organizaremos equipes de apoio a esses médiuns e despertaremos outros tantos que possuem esses potenciais mediúnicos adormecidos e prontos para aflorar, providenciando para que as orientações tenham a mesma qualidade e conteúdo. Utilizaremos a universalidade dos ensinos dos espíritos apresentada por Kardec quando usou de diversos medianeiros que traziam o mesmo conteúdo, em essência, mas em mensagens não idênticas, numa evidente unicidade de objetivos.

Muitos sensitivos e espíritos comprometidos com as transformações do orbe, mesmo não estando dentro da Doutrina Espírita, estarão falando as mesmas coisas e mostrando a intensidade dos trabalhos que ocorrem em nossa esfera de ação, aumentando as reflexões junto aos corações já despertos e aos daqueles que ainda precisam acordar para essa finalidade.

Terminada a fala de nosso irmão do Ministério da Comunicação, a palavra foi aberta para abordagem de novos aspectos da operação.

capítulo 4

AÇÕES NECESSÁRIAS

Novas perspectivas de trabalhos surgiam da nossa reunião, criando uma ação ordenada e com várias frentes de trabalho dentro e fora da colônia. Era de impressionar a envergadura do projeto de saneamento moral estabelecido por Jesus. Éramos suas mãos operosas, atuando no que as Escrituras definiram como final dos tempos.

Uma nova era de valores determinava que a Terra realizasse sua subida espiritual entrando nos círculos mais harmônicos a caminho de sua sublimação.

Epicuro voltou a falar dos desdobramentos necessários ao cumprimento das propostas:

– Diante das determinações do Governador, precisamos também organizar a defesa da colônia e antecipar necessidades de nossa instituição para proporcionar o acolhimento transitório de muitos desses irmãos. Eles chegam em péssimas condições espirituais, portando baixíssimas vibrações e é necessário prepará-los à viagem de deslocamento interplanetário, evitando que afetem o clima psíquico de nossa cidade espiritual.

Temos um compromisso comum na manutenção da harmonia e do clima de paz que aqui encontramos, caracterizado pelo padrão espiritual de nossa instituição. Até agora não recebemos um contingente tão expressivo de espíritos vinculados aos planos mais inferiores do planeta como o que aguardamos.

Sabemos que esse esforço será o de todas as colônias próximas do orbe, além da nossa, e precisamos preparar locais específicos, com isolamento das emanações mentais desses nossos irmãos. Ainda aí receberemos a contribuição do apoio técnico de companheiros de outros planetas.

Ouvimos com atenção, até que Eliseu, chefe dos trabalhos dos campos industriais da fabricação de utensílios e máquinas, acrescentou:

– Temos providenciado a construção desses espaços de recolhimento no Ministério da Regeneração, local designado para recebê-los, por estar ali o campo vibratório mais próximo do umbral, onde estão sendo acolhidos e direcionados, nesse período de intensificação da limpeza astral.

Desde o pedido de nossos ministros, trabalhamos na produção de material isolante para suas produções mentais, com base na revolta e na oposição sistemática ao bem.

Precisamos criar junto às escolas desse Ministério cursos rápidos de preparação para nossos trabalhadores, a fim de que essa equipe possa atuar especificamente com as características mentais deles que chegam com um padrão mental extremamente perturbado, muito diferente daqueles que comumente a colônia recebe. Essa formação específica facilitará a tarefa de acolhimento e direcionamento para a adaptação inicial à viagem que farão e a mudança planetária que sofrerão.

Clarêncio, que se mantinha calado até então, também falou:

– Nosso Ministério já tem iniciado esse treinamento junto a muitos de nossos trabalhadores que, comumente, já atuam com os recém-desencarnados. Na maioria das vezes, esses colaboradores apresentam certa predisposição para a mudança de atividade e possuem condições de orientar e direcionar os primeiros passos da recuperação mais efetiva, focalizando com mais objetividade o auxílio junto a nossos irmãos da Regeneração, numa ação conjunta. Com a criação desse curso de emergência, haverá mais uma oportunidade de preparo, somando, assim, mais experiências para essa tarefa excepcional.

Vários grupos como esse tomavam as mesmas resoluções para a recepção e orientação dos espíritos que seriam exilados da Terra, pois se submeteriam a um curso prolongado de redirecionamento de suas vidas.

Concluindo as anotações sobre os primeiros passos que as equipes de nossa colônia estavam efetivando, Epicuro pediu que nossa irmã Estela, uma das representantes do Ministério da Elevação, nos representasse por meio de uma oração.

capítulo 5

NOVAS OBSERVAÇÕES SOBRE DESLOCAMENTO

Ao sairmos dali, fomos em direção ao Ministério do Auxílio, onde Clarêncio, como um dos ministros, representava a administração da colônia e, mais do que isso, era um exemplo de dedicação e vivência real dos valores elevados que essa função pede àquele que a exerce, representando uma verdadeira manifestação de sabedoria e de sentimentos profundamente sintonizados no bem.

Deslocamo-nos por meio da volitação, condição hoje generalizada para a maioria dos espíritos despertos na colônia, em decorrência do nível espiritual conquistado, gerando com isso uma menor necessidade de veículos de transporte, a não ser em casos isolados e específicos aos que ainda não conseguiam, de imediato, desenvolver essa capacidade de movimentação.

Lembro-me de que quando escrevi o livro Nosso lar, muitos de nós ainda não tínhamos despertado ao interesse de servir e trabalhar no bem, e sem o preparo para atuar nesse sentido, mantínhamos várias limitações, inclusive a de deslocamento. Naquela época, por respeito a nossas condições, a maioria dos espíritos da cidade não fazia uso desse potencial de volitação, usando-o somente fora daquelas imediações. Mas, com as conquistas de crescimento espiritual já efetivada de lá para cá, essa foi uma das vitórias que marcou a qualidade de nossos seres.

E como se quisesse mostrar que o mesmo poderá ser conquistado para os homens do futuro, Clarêncio falou:

– André, você mesmo sabe que, tecnologicamente falando, o planeta de hoje é muito diferente, se comparado com a realidade da vida daqueles tempos em que revelou aos homens muitas das estruturas de funcionamento da colônia, ao escrever as obras através da mediunidade de nosso irmão Chico Xavier[1].

Muitos dos aparelhos, veículos e recursos tecnológicos que usávamos na ocasião estão agora materializados no plano físico. No amanhã, não será diferente, os homens desenvolverão os mesmos recursos que hoje encontramos aqui, bastando, para isso, seus esforços e desenvolvimento de suas capacidades. Uma delas será a menor dependência de veículos para seu deslocamento.

O tempo e a necessidade farão com que suas mentes compreendam e usem as leis físicas do globo em favor de si mesmos, vencendo as resistências ali encontradas para essa movimentação ao dominarem a lei gravitacional e o peso do próprio organismo físico, buscando maior ascensão do corpo espiritual sobre ele. Deixarão de usar toda a cadeia de recursos ligados à locomoção, tais como o uso de combustíveis e sistemas de transporte, restringindo seu uso, como aqui acontece, a necessidades específicas.

A preocupação com o esgotamento desses recursos que tanto abate os homens não será mais motivo de desgaste mental, libertando-os desse fardo em suas existências futuras.

É claro que para isso ocorrer, tanto quanto aconteceu para nós outros, o desenvolvimento dos padrões morais e espirituais é o preço natural que acompanha essas aquisições.

Para isso, deverão tornar seus anseios mais leves, assim como suas buscas e a forma como dirigem os objetivos de

---

[1] O livro *Nosso lar*, lançado em 1944, foi o primeiro de vários livros que ficaram conhecidos como "Série André Luiz", psicografada por Chico Xavier – Editora FEB.

suas existências, colocando a força viva do amor aplicado à conduta como o pré-requisito para essas conquistas. Esse sentimento espiritual reflete a manifestação de uma das principais qualidades da Inteligência Suprema e da inteligência básica do espírito, depositada pelo Criador em seu processo de nascimento, e que operará, tanto quanto opera para todos nós desse outro lado da existência, vencendo as limitações que criamos para nós como obstáculos de nossa liberdade de ação em decorrência de nossas inferioridades.

Quando os homens descobrirem que é da sua energia construtora que vem a solução para todos os problemas e desafios, nunca mais abrirão mão dessa força extraordinária que nasce de Deus em benefício de todos os Seus filhos, espalhados nos campos infinitos da criação.

Após tão sábios esclarecimentos, recolhi-me em silenciosa prece, agradecendo pela oportunidade de estar subordinado à responsabilidade mais direta de Clarêncio que, pela Misericórdia de Deus, compartilhava sua experiência e saber com o meu coração e também com os companheiros internados na esfera física.

capítulo 6

PRIMEIRA PROVIDÊNCIA

O Ministério do Auxílio é verdadeira oficina de recuperação de espíritos recém-desencarnados que já estão em melhores condições mentais. Se realizarmos uma comparação com os espíritos que são recebidos no Ministério da Regeneração, perceberemos que estes são irmãos que exigem maior cuidado e preparação para conquistar o direito de se movimentarem com certa liberdade nos múltiplos setores de nossa colônia.

Ter autonomia de trabalhar e participar das atividades corriqueiras de nossas instituições significa grande vitória. Isso representa a oportunidade de participar das mais simples obrigações que todo espírito desperto deve ter, de poder frequentar nossas escolas e universidades visando ao aprimoramento intelecto-moral, ou mesmo aproveitar os entretenimentos e a convivência social no Campo da Música, nas imediações do Lago Azul ou as múltiplas atividades destinadas a esse fim.

Eu atuava na posição de médico em minhas obrigações pessoais no Ministério do Auxílio, em virtude de meu aprimoramento pessoal nas experiências vividas no Ministério da Regeneração. Agora, com maior maturidade espiritual, podia atuar na área da formação acadêmica da minha última existência, o que representava grande êxito e alegria para meu espírito. Estava entregue aos meus afazeres quando fui convocado por Clarêncio a comparecer em outras atividades específicas, ligadas à escrita do novo livro. Encontrei Clarêncio em sua sala de trabalho, terminando de responder e orientar diversos companheiros de atividade e dando andamento às responsabilidades relativas à sua função dentro do Ministério. Assim que entrei, ele me falou:

– André, vamos participar de uma ação de resgate e acolhimento de um grupo de espíritos que, em sua maioria, acompanhava o líder de certa região das trevas. Eles estão sendo trazidos à nossa colônia como o primeiro grupo experimental nessa atividade socorrista e servirão de exemplo para nossas tarefas de auxílio. Outros grupos seguirão a mesma perspectiva de trabalho e nossas experiências servirão para melhor direcionar os recursos e prepará-los para a viagem de exílio.

Nossa função principal, neste trabalho, será a de informar e esclarecer nossos irmãos da esfera física sobre essas atividades e sabemos que toda informação, para ser verdadeiramente útil, deverá ser colhida por meio de nosso esforço operante no bem. Assim, nós nos entregaremos ao trabalho colocando-nos à disposição de seus responsáveis mais diretos para sermos úteis naquilo que acharem melhor. Estaremos em posição semelhante à de Paulo quando esteve frente a frente com o Cristo em plena estrada de Damasco, e não lhe coube outra atitude a não ser a de perguntar a Ele: "Que queres que eu faça?".[1]

Com essa orientação, fomos ao Ministério da Regeneração onde aconteceria o recolhimento de nossos irmãos. A esperança de operar em nome de Deus e de nosso Mestre com a pequena cota de nossas possibilidades preenchia nossos espíritos.

---
1 Atos, 9:6.

capítulo 7

MUDANÇA DE POSTURA ÍNTIMA

Seguimos até um dos portões de entrada da colônia, vinculado ao Ministério da Regeneração. Ali ficavam as chancelas que permitiam grupos e espíritos penetrarem em nossas instalações, apesar de existirem outras entradas na vasta região. A despeito de se apresentar de forma mais discreta, todo o portal era fortificado com bases de defesa, portando armamentos elétricos e magnéticos para a manutenção da paz em território espiritual que faz divisa com as vibrações oriundas do umbral.

Esses recursos não apresentavam nenhum aspecto de agressividade ou de intenção de luta armada, pelo contrário. Por meio de uma grande bandeira branca, que ficava como sinal dessa força espiritual, era transmitida a mensagem de paz para todos os que ali aportassem, já que essa flâmula era emblema universal em lugares que apresentassem as condições de conflito de interesses, sendo essa virtude o objetivo dos trabalhos de nossa instituição.

O Ministério da Comunicação gerenciava todas as informações recebidas ou emitidas em nome da Colônia Nosso Lar, ficando os outros ministérios e mesmo a Governadoria recebendo o apoio direto daquele, embora mantivessem autonomia de enviar e receber seus comunicados particularizados, dentro da liberdade de trabalhos sob as suas responsabilidades mais diretas.

O Ministério da Regeneração havia recebido o aviso da Comunicação sobre a chegada daquele primeiro grupo experimental de resgate. Todas as atividades eram cuidadosa e intensamente supervisionadas para darmos, a partir daquele grupo, as melhores condições de acolhimento, visando a aperfeiçoar o apoio direto à limpeza dos núcleos trevosos.

Aguardando a chegada deles, Clarêncio aproveitou breve instante para esclarecer outros detalhes:

– André, os tempos que estamos vivendo são de crucial e definidora importância à humanidade terrestre, tanto para nós, que nos encontramos desse outro lado da vida, quanto para os nossos irmãos internados no campo da matéria.

Contamos com a ação coletiva e direta de todos os planos espirituais mais próximos da Terra e de maneira um pouco mais indireta, e assim podemos dizer dos planos mais elevados e distantes que a circundam. A maior cota de esforço e de responsabilidade pelas mudanças que precisam ser efetivadas se encontra em nossas mãos e na dos homens, uma vez que a transformação deve acontecer em nós, primeiramente, pelo sincero desejo de aprimoramento.

Por isso mesmo, é importante que nossos irmãos encarnados se comprometam com esse desejo, atuem com vontade de mudar e, mais do que isso, assumam a responsabilidade de concretizar as transformações no mundo que os cerca, abraçando o bem eterno, finalidade única do Universo.

Ao vermos as mudanças ocorrendo, nós nos sentiremos envolvidos por uma nova onda de forças e influências que nos sustentarão nesse objetivo, facilitando a vitória sobre as últimas resistências que a inferioridade possa apresentar.

O mundo de regeneração ainda não é perfeito, existirão defeitos a serem trabalhados, mas uma coisa é sofrer a influência deles em um padrão vibratório onde o mal predomina, outra é atuar sobre eles num ambiente onde o bem é o marco influenciador.

Mesmo portando inferioridades, nossa transformação será muito mais fácil, já que escolheremos, nessa dinâmica de vida, atender ao convite de Jesus: "Levai sobre si o meu fardo que é leve e suave".[1] Assim, tudo se ajustará em ciclos de experiências mais rápidas em comparação ao processo evolutivo de provas e expiações, alcançando o patamar evolutivo de nos tornarmos espíritos felizes, o que fará com que a Terra seja um mundo ditoso.

Clarêncio silenciou-se, como a contemplar o futuro da humanidade por dentro de si mesmo.

Daí a pouco, pudemos avistar, ao longe, uma grande espaçonave[2] aproximando-se da nossa colônia, acompanhada de várias outras menores. Contemplei a grande nave com surpresa, já que não tinha visto nenhuma outra como a que se encontrava no centro das demais.

Sem tempo para indagações naquele momento, coloquei-me em prece, pedindo a Deus que eu pudesse ser Seu instrumento de paz e operosidade, qualquer que fosse o trabalho que surgisse naqueles instantes.

---
[1] Mateus,11:29-30.
[2] *A redenção de um exilado,* capítulo 2, autoria espiritual de Lucas, psicografado por Samuel Gomes – Editora Dufaux.

capítulo 8

SURPRESA A MEUS OLHOS

Com a aproximação das naves, fui notando que a maior funcionava de maneira diferente de tudo que tinha visto até ali.

Eu não podia comparar o que via com nada do que tínhamos em Nosso Lar, mesmo que as pesquisas e o desenvolvimento tecnológico já estivessem bem adiantados para o padrão evolutivo de nossa colônia. Dependíamos cada vez menos de veículos dentro de nossa instituição, a não ser quando era preciso viajar longas distâncias.

Nossos pesquisadores buscavam o uso de outras fontes de combustíveis para os meios de transportes, explorando as energias do Sol, de outras substâncias fluídicas ou do plasma espiritual. As estruturas que formam o revestimento das aeronaves têm sido aprimoradas com material flexível e leve, mas que possuem resistência protetora necessária, proporcionando maior versatilidade no seu uso.

Mas a nave que tinha diante de meus olhos fugia de tudo o que já havia estudado no plano espiritual sobre tecnologia e desenvolvimento científico. Vendo minha surpresa, Clarêncio veio a meu socorro:

– André, você tem razão de estranhar a estrutura desta espaçonave e a sua forma operacional, pois não tem muita coisa em comum com o Ministério do Esclarecimento, setor específico de estudos e criação na engenharia que produz nossas naves.

Ela não é uma nave originária da Terra, nem mesmo em se tratando de nossos planos espirituais mais elevados, até porque, à medida que esses planos são mais elevados, menor é a necessidade de veículos para os espíritos de lá se movimentarem. Esse é um aparelho interplanetário, produzido por nossos irmãos de Júpiter, os quais vêm nos dar seu auxílio no processo de limpeza de nosso orbe. Esse aparato é para o deslocamento de nossos irmãos terrenos até sua nova moradia planetária.

Apesar de já ter participado de encontros e reuniões com espíritos de outros mundos nos trabalhos de nossa colônia, aquela informação era nova para mim. Assim como Nosso Lar, que é o nível espiritual mais próximo da Terra, estava em contato com os nossos irmãos extraterrestres, o passo seguinte com relação a esse intercâmbio, provavelmente, acontecerá, amanhã, na própria Terra, materialmente falando.

Em nossos planos, o intercâmbio com outros planetas já está bastante intensificado e em Nosso Lar essa ação tem crescido muito, tornando-se cada vez mais natural. Mesmo assim, confesso que aquele veículo de transporte me pegou de surpresa.

Resolvi tirar uma dúvida com Clarêncio, até mesmo para auxiliar no entendimento de nossos leitores:

— Os nossos irmãos de Júpiter cooperarão mais diretamente nesse trabalho de limpeza planetária?

Clarêncio pensou alguns minutos e falou:

— Como não? Sabemos que a lei de cooperação é base do funcionamento do Universo, entre a grande família universal. O nosso planeta, em sua condição material, só não se beneficia com amplitude dessa ação em decorrência de sua condição inferior, na qual predomina a ânsia de conquistas bélicas, com o intuito de escravizar e explorar aqueles que são diferentes. Mas a intervenção desses companheiros dos outros orbes ocorre, muitas vezes, ocultamente.

Para que esse intercâmbio mútuo ocorra, é necessário o desenvolvimento dos princípios da fraternidade e do respeito entre os homens e suas nações como consequência natural do que acontece no âmbito particular da família, com os vizinhos e com todos, a fim de que possamos abrir as oportunidades desse mesmo relacionamento na dimensão interplanetária.

Entre os planos espirituais de padrão superior essas barreiras já não existem em função do trato que os espíritos desenvolvem uns com os outros e na identificação real de quem somos. Sentindo-nos na condição de espíritos imortais, não estamos tão presos como a humanidade encarnada, nem com identificações ideológicas de raças ou mesmo dos valores físicos. Não falamos mais em nações, mas, sim, de orbes e sistemas, em se tratando de nossas referências de localização e valores.

Entendemos que o espírito não é definido pelos aspectos externos de onde se localiza ou vive temporariamente.

Claro que, em se tratando de nosso Sistema Solar, todos os orbes despertos espiritualmente[1] aguardam que a Terra venha a entrar na escala de mundos superiores ao adquirir sua harmonia. Assim, poderemos também cooperar com a harmonia do Sistema Solar e, no futuro, com a da Via Láctea, desfrutando de muitas outras circunstâncias que a sua inferioridade moral tem criado obstáculo para alcançar.

---

[1] Em seu livro *Cartas de uma morta*, psicografado por Chico Xavier, Maria João de Deus relata que Saturno e Marte são orbes com evolução espiritual superior a da Terra.

Sabemos que a estrutura vibratória dos mundos existe em variadas condições e muitas vezes os classificamos como sendo esferas espirituais, mas, no fundo, representam dimensões diferentes de moradias planetárias do próprio Universo[2]. Nessa visão, todos os planetas vizinhos ao nosso, sejam eles de natureza visível ou invisível às nossas capacidades tecnológicas de registro, buscam nos auxiliar o tempo todo, mas não podem interferir no trabalho de crescimento espiritual e renovação que nos cabe fazer, pessoal e coletivamente.

O fato de nossos irmãos de Júpiter dar apoio aos nossos planos espirituais, favorecendo o deslocamento dos espíritos exilados de nosso planeta para outro orbe, já é a demonstração de que essa realidade está mudando. A ocorrência é percebida por uma visão unificada, onde não há separação de planetas, mas, sim, da existência de uma grande família que resolve os problemas que são de todos. Teremos o apoio não só de Júpiter, mas de todos aqueles que já se ajustaram aos planos de evolução e que nos apararão com o objetivo de ver a Terra nas mesmas condições conquistadas por eles.

Interrompemos o diálogo em função das atividades que precisávamos executar. Fiquei atento para melhor auxiliar na recepção de nossos irmãos das esferas inferiores, buscando ser útil mesmo portando tantas limitações. Não podia perder a oportunidade de aprendizado.

---

[2] O Universo se estratifica em nuances materiais, semimateriais, paramateriais, fluídicas e em outros níveis que ainda não conhecemos e não compreendemos. (Nota do Médium)

capítulo 9

REFLEXÕES PROFUNDAS

Aproximando-se de nós, as naves começaram a pousar suavemente. A maior delas desceu na vertical, utilizando recursos de pouso diferentes dos que conhecíamos até ali. Lembrei-me de que algumas naves usadas por nossa colônia já ensaiavam aquele tipo de possibilidade técnica.

Das naves menores, que eram do tamanho dos maiores aviões da Terra, começou a descer expressivo número de trabalhadores de nossa colônia acompanhados por espíritos diferentes. Clarêncio informou serem eles de Júpiter, auxiliando no resgate e transporte dos espíritos recolhidos, os quais chegavam adormecidos e transportados por macas.

Em oração, nós nos mantínhamos a postos para qualquer cooperação que se fizesse necessária, junto aos trabalhadores da Regeneração. Conhecia pessoalmente muitos deles e, para minha grata surpresa, um dos que comandavam os trabalhos era Tobias[1], amigo antigo que muito auxiliou em meu aperfeiçoamento no atendimento aos irmãos recolhidos nas câmaras de regeneração. Pude abraçá-lo com muita satisfação e alegria.

Os espíritos necessitados foram encaminhados a setor previamente preparado para acolhê-los. Das naves menores, assim designadas se comparadas à monumental nave central, desciam também grandes grupos de seres recolhidos, apresentando-se com fisionomia desfigurada, com carantonhas monstruosas caracterizadas pela mitologia como verdadeiros seres diabólicos.

Vimos que cada um era colocado em câmara-leito adaptada para acolhê-los mantendo a mesma condição psíquica. Foram separados e agrupados em quartos diferentes,

---
[1] Existe uma referência a esse espírito no capítulo 28 do livro *Nosso lar*, autoria espiritual de André Luiz, psicografado por Chico Xavier – Editora FEB.

com número adequado de pacientes e, a partir dali, estariam sempre acompanhados por um membro de nossa equipe e um dos espíritos de Júpiter.

Procurei observar todos os acontecimentos e pude ver que da grande nave não saiu nenhum dos espíritos recolhidos. Ela estava ali justamente para levá-los na mudança planetária e localizá-los em espaços próximos ao orbe que ia acolhê-los. Esse planeta já fora escolhido pelos Maiores da Espiritualidade, indicados pelo próprio Cristo para definir os destinos daqueles companheiros. Estariam, a partir daquela hora, subordinados à autoridade e orientação direta do novo Cristo planetário que os acolheria com muito amor.

Depois de cooperar com a equipe de transporte dos irmãos adormecidos, aproveitei a companhia de Clarêncio para tirar algumas dúvidas que pairavam em minha mente. Como se faria essa transição? E essas definições de responsabilidades, muito superiores até mesmo da direção de Nosso Lar, como se deram? Houve a participação direta de Jesus nessas determinações? Quando isso aconteceu? Nessa hora, lembrei-me de uma passagem específica do Evangelho na qual Jesus afirmava claramente que nenhuma das ovelhas que o Pai lhe confiara se perderia. Como ficaria essa condição, uma vez que esses irmãos seriam deslocados da Terra e estariam subordinados a outro Cristo?

Clarêncio ouviu-me atentamente e depois de alguns instantes de silêncio, como a organizar os pensamentos, falou tranquilamente:

— Como sabemos, existem ocorrências que fogem, em muito, da nossa compreensão, em função das condições espirituais que possuímos, mesmo para nós que estamos localizados na região espiritual e podemos conviver mais de perto com seres elevados, respeitando a condição de nosso plano. Entretanto, ainda nos vemos muito distante da posição espiritual dos espíritos que orientam a evolução de um planeta e dos destinos que regem a vida na sua correlação com outros orbes.

André, muitas vezes as suas indagações são as nossas e, de alguma forma, tivemos alguns esclarecimentos nesse sentido, até mesmo porque seríamos preparados para essa empreitada que estamos vivendo nesse instante. Ao mesmo tempo, poderemos tecer certo esclarecimento a nossos irmãos mergulhados na esfera física para que também possam nos ajudar incluindo suas participações nas transformações que o mundo está passando.

Sobre os espíritos atuantes nesse nível organizacional, são seres livres transitando naturalmente dentro do Universo, pelas condições elevadas em que vivem, cuja morada não se fixa em lugar algum, movimentando-se onde suas vontades assim o determinam, com velocidade de deslocamento tão rápida que ainda são desconhecidas, por se tratar de estados de espíritos muito distantes para a nossa compreensão evolutiva.

Essa transição será coordenada entre os Cristos e seus prepostos, dos dois orbes diretamente envolvidos, e foi estabelecida em reuniões do espaço distantes de nossa colônia. Essas reuniões ocorrem com muita facilidade em se tratando de seus espíritos, mas temos limitações para entender a dinâmica de suas atuações, uma vez que em nada se parecem com as nossas. Nas limitações em que nos achamos, estamos ainda muito distantes da condição de pureza na qual se encontram.

Quanto à expressão evangélica que você pensou, ela não está circunscrita à responsabilidade pessoal de Jesus. Em relação aos Cristos, podemos afirmar com naturalidade que eles, apesar de terem uma individualidade como nós mesmos, vivem como se fossem um só, assim como estão em comunhão com o Pai, quando afirmam que "Eu e o Pai somos um.".[2]

Para nós, Jesus é o exemplo vivo de amor e de sabedoria e essas condições íntimas são inerentes a todos os seres que se subordinam à responsabilidade de agir no Universo, profundamente identificados entre si no objetivo de atender o Criador.

No que se refere ao trabalho de despertar espiritual que lhes cabe operar, essa ação se dá mais no início da criação planetária, da evolução do princípio inteligente e nas primeiras caminhadas até que entrem em sua condição humanizada e comecem a ter também certo grau de responsabilidade nesse trabalho de desenvolvimento consciencial.

Na medida em que crescem e assumem as rédeas da própria caminhada, como ocorre conosco hoje, esses representantes celestes vão se afastando desse papel de orientação mais direta, transferindo essa função a outras mãos, dando oportunidade a outros espíritos de graus diversos de evolução de atuarem nessa orquestração de amor e trabalho em que nós mesmos nos incluímos.

Quando resolvemos fazer o bem, entrando definitivamente nesse campo de comunhão com o Alto, na qual precisamos diminuir nosso personalismo até que nos

---
2 João, 10:30.

tornemos espíritos puros, atingimos essa capacidade de liberdade na qual eles vivem, no seio amoroso de Deus. Jesus cumpriu muito bem a perspectiva que programou para o planeta e para os espíritos que aqui estagiam no processo de despertar espiritual, deixando, aos poucos, nas mãos de outros companheiros a caminho da própria sublimação, a missão de dar continuidade à missão a Ele confiada, já que se tornam espíritos muito próximos de Sua posição evolutiva. Podemos citar como exemplo o caso específico do Governador Espiritual do Brasil – o nosso Ismael – e tantos outros vinculados a outras nações do planeta, os quais assumem encargos cada vez mais sérios até que possam arcar com as responsabilidades de governadores planetários.

Quantas posições existem entre nós e Ismael e entre ele e o Cristo? A escada descrita por Jacó[3], onde ele viu anjos descendo e subindo, é a descrição simbólica dessa ação de cooperação espiritual, numa operação dinâmica dentro do Universo infinito. Nós mesmos já ocupamos alguns de seus degraus mais ínfimos, por meio do auxílio de nossos irmãos de retaguarda e por meio dos nossos trabalhos de renovação pessoal e dedicação ao bem. Um dia poderemos galgar os degraus de cima, ampliando nossa capacidade de refletir Deus em nós, atingindo culminâncias amorosas, ainda um pouco distantes de nossa capacidade de sentir e viver.

Se já conhecemos com muita propriedade o terreno inferior que no passado percorremos com naturalidade e que atinge os precipícios e os abismos infernais, hoje buscamos subir até as limitações territoriais e vibratórias de nossas colônias, que são nossa redenção. Daqui para

---
3 Gênesis, 28:12.

frente, essa ação do bem consciente nos abrirá as portas dos céus e permitirá que nos tornemos agentes do bem nas perspectivas sublimadas da vida.

Sensibilizado com aquelas reflexões elevadas, Clarêncio começava a transformar seu semblante em irradiações luminosas. Procurou centrar-se novamente em si mesmo, para não chamar atenção sobre nós, já que estávamos ali como instrumentos simples de auxílio naquela tarefa de acolhimento e preparo, começando a apagar qualquer traço de superioridade que ainda não possuímos, aprendendo na humildade a nos transformarmos em silenciosos e anônimos instrumentos de Deus.

capítulo 10

UM CHEFE DE FALANGE

Ainda acompanhando as ocorrências daquele trabalho de recolhimento, Clarêncio nos convidou a seguir de perto o deslocamento de um espírito extremamente perturbado que se caracterizava como um chefe de falange. Ele foi resgatado em trabalho de parceria com atividade mediúnica do plano físico criada especialmente para aquele fim.

Ele se achava adormecido e numa rápida sondagem mental parecia viver em constante pesadelo que se refletia em seu estado íntimo. Apresentava-se petrificado pela frieza e pela maldade expressas em sua fisionomia a refletir um olhar sisudo. Os músculos do rosto deformado moldavam sua fisionomia animalizada, parecendo uma verdadeira fera, na materialização das personagens ditas diabólicas tão alimentadas pelas crenças religiosas.

Clarêncio pediu-me para auscultar mais profundamente aquela mente adormecida e eu concentrei minhas forças perceptivas.

Aos poucos foram se formando as imagens mentais do companheiro e, pelo que percebi, aquele conteúdo mental o acompanharia para suas novas experiências planetárias, pois pediam reajustamento e educação.

Vi com clareza que ele se colocava sentado em um trono e que se identificava como líder de inúmeros irmãos que o reverenciavam e se apresentavam vestidos de preto e encapuzados, abaixados rente ao chão, num sinal de respeito e adoração.

Suas mãos, deformadas à feição de verdadeiras garras, tinham, nos dedos, grandes anéis coloridos e de formas macabras. Mantinha um olhar distante, como se estivesse ligado a outro lugar, demonstrando ter interesses diferentes do que o de estar ali, mostrando certo enfado e insatisfação.

Com sua voz cavernosa, ordenou a certo grupo de seus seguidores que fosse até determinado local e finalizasse o plano que promoveria o desencarne de uma mulher que ele queria colocar novamente em regime de prisão particular de seus domínios. Não percebia que ele mesmo se encontrava preso a ela por elos espirituais e afetivos e que, mesmo estando sobre sua vigilância, ela lhe criaria um sofrimento contínuo por não atender a seus desejos. Pelo contrário, sempre que tentava subjugá-la à sua personalidade para ficarem juntos, mais ela lhe demonstrava asco ou desprezo.

Logo de contínuo, imagens de um passado mais distante se misturavam àquela cena, mostrando as origens longínquas de seu vínculo com ela. Estavam ligados por histórias repetidas de traições por parte dela e de uso de brutalidade e violência por parte dele. Sempre que esses desencontros afetivos ocorriam, ele acabava por tirar a vida dela bem como a do seu amante, espírito este sempre entrelaçado na trama dos dois.

Não poder prender aquela mulher e deter domínio absoluto sobre ela, alimentava nele intensa revolta contra tudo e todos, a tal ponto que Deus, Jesus e os espíritos iluminados, enfim, tudo o que significasse algo bom, eram o foco de sua ira, à qual se entregava na obstinação de que a força mal orientada venceria a todo custo.

Assim, percebendo que ela conseguira de alguma forma escapar da ação escravizadora, descobriu-a mergulhada na esfera física e tratou de acompanhar-lhe as atitudes inadequadas, até que iniciou uma ação espiritual obsessiva, recuperando a presa para que ele voltasse a promover seu sofrimento naquela existência, numa intenção quase eterna de fazê-la sofrer.

Igualmente, sentia em si mesmo que nunca sairia dessa linha de sofrimento, o que sustentava ainda mais as suas ações no mal, direcionando suas energias contra o bem que um dia fora um sonho ilusório, e nunca passou de um lampejo de ideal sem obras para sustentá-lo.

Aquela silhueta de mulher o perturbava tremendamente e por mais que procurasse esquecer, e desligar-se dela, ele não conseguia. Drogas, bebidas, sexo, magia, tudo o que buscava para diminuir essa obsessão mais acentuava a presença dela em sua mente.

Quando ele estava perto de trazê-la de volta pelo desencarne, algo aconteceu. Em uma reunião mediúnica realizada para limpeza das trevas, seu reduto sofreu uma invasão organizada dos seguidores do Cordeiro, sob amparo de intensa luz, que lhe cortaram a ação certa e vitoriosa, retirando a possibilidade daquela conquista, em etapa já tão adiantada de seu audacioso e bem elaborado plano de perseguição.

A frustração foi enorme. Um desespero abalou suas forças, sentiu-se aprisionado e enfraquecido, junto a intermediário humano, como se fosse repentinamente paralisado em verdadeira prisão magnética. E o mais doloroso foi perceber que não poderia mais prender aquela a quem se sentia ligado. Mais uma vez, ela estava lhe escapando ao domínio.

Dali para frente, as lembranças voltavam ao mesmo círculo de repetições, no qual se via sentado no trono, dando as ordens, sempre observando os mesmos quadros, prisioneiros das lembranças terríveis, em um sofrimento sem-fim.

Aos poucos, saí de sua faixa mental e voltei a contemplar-lhe a face dura e animalizada. Tive uma compaixão tão profunda por seu ser que roguei a Deus misericórdia e me dispus a fazer o que fosse preciso para auxiliar sua caminhada, alimentando uma vontade firme de realizar algo por ele, a fim de lhe diminuir as condições espirituais inferiores e amenizar suas dores.

Percebendo meu estado íntimo, Clarêncio falou:

— Muito bem, André, seus sentimentos já são sinais de desenvolvimento do amor que sabe renunciar pelo benefício dos que sofrem. Somente os grandes amores conseguem diminuir as dificuldades, sejam elas quais forem, não enxergando distâncias ou sacrifícios diante de corações e afetos.

Quantos espíritos femininos que, nascendo na feição de mães, acolhem como filhos abençoados verdadeiros monstros aos olhos comuns, transformando-os em pérolas preciosas que fazem parte de tesouros imorredouros. No caso em nossa observação, a transição planetária e o distanciamento momentâneo de seus vínculos afetivos despertarão nele forças novas e alimentará no futuro as disposições positivas de renovação para a vitória sobre sua animalidade, uma vez que até agora predominou o orgulho ferido, fonte de sua sustentação e obstinação no mal.

A saudade e a falta das energias que o vinculam profundamente àquele coração feminino serão os estímulos renovadores de sua vida. As esferas superiores vislumbraram predisposições transformadoras ao sentir nele certo desinteresse pelo que fazia e um tanto de tédio da própria situação negativa que buscava. Sem perceber, ele criou uma necessidade de estar sempre com ela, e esse fato será a ferramenta ideal para despertar-lhe os valores de sua grandeza espiritual.

Sua saída da Terra se fará em estado de grande inconsciência e só será desperto já em processo de reencarnação compulsória, no outro orbe, para promover um choque transformador.

No início, tentará matar a sede das lembranças inconscientes do coração amado por meio do excesso de prazeres e os jogos da ilusão que ainda caracterizam seu espírito. Um dia, a saudade e as lutas que lhe refundirão as arestas mais brutas diminuirão e a sede de encontrá-la em novas bases o redirecionará a um caminho libertador.

Sofrerá as limitações impostas por um planeta em estado de primitividade, expurgará junto aos homens brutalizados que ali se encontram em expressões tão violentas que as atitudes dele serão expressões pequenas perto do que eles podem fazer. Esse contexto despertará uma mudança de atitude, uma maior cautela para agir ali, até que passe a ter novas maneiras mais respeitosas de comportamento.

As equipes espirituais responsáveis pelos renascimentos prepararão o mergulho de sua companheira junto dele em tempo específico, com o amante, que hoje já se encontra em melhores condições espirituais e que tem buscado auxiliar ambos na renovação íntima e na criação de vínculos mais equilibrados entre eles.

Todo um programa está estabelecido para redirecioná-los no caminho libertador, para que com a mesma força com que atuavam na direção do mal, venham a canalizá-la para o bem. Ele atuará positivamente na caminhada evolutiva dos que hoje são seus seguidores e dos seres primitivos do planeta que os acolherão.

Com aqueles esclarecimentos, um novo aprendizado se desdobrava a meus olhos: vinculados num drama profundo de sofrimentos seculares, as ligações das múltiplas existências repercutiam em dois mundos distintos, criando uma condição em que eles saíam da classificação de seres terrestres para assumirem a posição de seres interplanetários.

capítulo 11

A LIMPEZA NO MUNDO

Naquele trabalho, além de os Ministérios do Auxílio e o da Regeneração atuarem em conjunto, também contávamos com o apoio dos outros Ministérios de Nosso Lar, cada qual contribuindo especificamente para que aquela tarefa assumida pela colônia fosse bem conduzida.

Outras colônias mais próximas da crosta também somavam esforços para a tarefa de limpeza astral, bem como do degredo dos espíritos que não tinham mais condições morais e evolutivas de permanecerem no planeta que saía das características de mundo de provas e expiações para se tornar um mundo de regeneração e, nessa categoria, não poderia mais oferecer as experiências provacionais que eles precisavam em seu processo de crescimento espiritual.

Ali estavam reunidos espíritos das mais diversas partes do planeta, mas os que predominavam eram os retirados dos planos espirituais do Brasil, para os quais as tarefas mediúnicas serviam de instrumentação facilitadora das nossas ações.

Apesar de a espiritualidade não depender diretamente dessa parceria, elas ofereciam maiores oportunidades para que os encarnados pudessem também contribuir com aquele trabalho na Lei de Cooperação, dividindo, assim, a participação nas responsabilidades que cada um poderia oferecer, por estarem plenamente integrados às suas tarefas espirituais.

Aproveitando essa reflexão, perguntei a Clarêncio como estava se dando esse mesmo serviço nas outras partes do mundo.

Após breve reflexão, ele atenciosamente me respondeu:

– A religiosidade e a espiritualidade no planeta estão bem difundidas em todos os territórios, e existem poucos grupos que não possuem nenhuma orientação nesse sentido. Os espíritos superiores, apesar de procurarem levar em consideração a parte que nossos irmãos encarnados podem fazer para nos auxiliar nessa operação, não dependem diretamente deles para que o saneamento do orbe venha a concretizar-se.

Vendo a diversidade de cultos e a forma com que cada um deles atua, a limpeza dos planos inferiores também apresentará formas diferentes de ação, usando os recursos que cada um deles pode oferecer, seja a de doação de energias até uma atuação mais consciente junto às equipes espirituais.

No entanto, pensando no saneamento espiritual propriamente dito e na ordem em que precisa acontecer, a ação de nosso plano age de maneira incisiva e bem elaborada, sem precisar tanto da participação de médiuns ou dos homens.

Daqui para frente, após o desencarne, os espíritos não terão permissão para retornarem aos planos inferiores mais profundos onde naturalmente vivam e com os quais se sintonizavam pelas condições vibratórias que emitiam. Além dessa medida, aqueles que permanecem nos núcleos trevosos serão retirados numa ação bem articulada das equipes espirituais das instituições e colônias que circundam o planeta e que são em número expressivo. Nosso Lar, se comparada a outras colônias que se localizam na Europa e no Oriente, é ainda muito nova.

O que nos facilita agir com mais objetividade é o fato de o Espiritismo ter sido implantado pelo Cristo nas terras brasileiras para ser o celeiro espiritual do planeta e já estar bastante desenvolvido. Isso materializa nossa forma de atuação e, pelo intercâmbio espiritual cada vez mais amadurecido e operante, ajuda-nos a cumprir nossos objetivos.

A limpeza no âmbito planetário poderá dispensar a dependência desses fatores. Apesar de as intervenções mediúnicas serem boas e úteis, a ação de nossos Maiores da Espiritualidade conseguiria efetivar essa atitude com mais autoridade e sem violência alguma.

No ápice das necessidades renovadoras da sociedade, o mal terá índices cada vez mais alarmantes nos tempos que vivemos. Pelas circunstâncias terríveis desses fatos e suas consequências preocupantes para a sensibilidade geral, as repercussões de suas ações atingirão os núcleos espirituais que as geram, facilitando a intervenção dos trabalhadores siderais no recolhimento desses espíritos. Nos ambientes onde as lutas atingem as formas mais violentas e diretas, a espiritualidade aproveita a perturbação geral para retirar muitos dos espíritos envolvidos, sem que percebam essa ação.

Onde um desastre natural ocorre, mortes coletivas surgem e a mesma operação se faz. E independentemente dessas situações, muitos núcleos trevosos são removidos sem que haja percepção dessas intervenções. Quando os espíritos que ali habitam dão conta das ocorrências, já se acham acomodados em novo contexto para suas existências.

Assim, esse cenário de escuridão perderá sua força até que desapareça completamente na condição com que se apresenta até agora. Essa ação irá amenizando o aspecto negativo das regiões espirituais inferiores e, dessa forma, da própria Terra.

Se até hoje esses espíritos podiam agir com mais liberdade é porque essa mobilidade tinha objetivos educadores, traduzindo a afirmativa do Evangelho que esclarece que o escândalo é necessário, mas ai daqueles que são causa ou motivo do escândalo.[1]

Podemos dizer que a consumação final dessa limpeza está fixada para as décadas mais próximas, após as quais o planeta terá outra qualidade, mesmo que ainda não tenhamos atingido a regeneração completa.

Dessa forma, precisamos concentrar nossas forças e a de todos os espíritos intencionados no bem, encarnados ou não, para que esse projeto ocorra e cada um faça o que lhe cabe a fim de vermos essa etapa de trabalhos mais intenso consolidada e nossa escola planetária atinja sua condição renovada.

Assim falando, deu por concluída suas orientações que, para mim, tornaram-se um estímulo para me comprometer a fazer bem-feito o que posso realizar.

---

[1] Mateus, 18:7.

capítulo 12

FASE DIFERENTE DE VIDA

As ações seguiam diante dos desafios que a limpeza planetária pede, principalmente no que se refere às esferas mais obscuras e trevosas que determinam forte influência perturbadora sobre os homens. Representavam, simbolicamente, a legião do mal ou a presença diabólica tão mencionada nos livros religiosos. Eles que se julgam os senhores do mundo, os juízes implacáveis, os administradores da vida humana, já sentem mais de perto a força e o manuseio por parte dos grupos de resgate.

Inimigos declarados do bem, do Cristo e de Deus, agiam para criar empecilhos aos trabalhos de auxílio que os espíritos superiores realizavam em benefício deles mesmos, ajuda esta que, com raríssimas exceções, quase nenhum deles percebia de forma consciente e lúcida.

A retirada espiritual se repetiria com mais frequência a partir da decisão tomada pelos responsáveis diretos de nossa instituição, e o nosso trabalho específico seria o de preparar esses espíritos e de facilitar o deslocamento deles para o expurgo planetário.

Apesar dessa nova atividade, daríamos continuidade às atividades normais que a Colônia desenvolvia junto aos encarnados e aos espíritos recém-desencarnados que serão preparados para o retorno ao mundo material pelas portas benditas da reencarnação.

Nesse momento de minhas reflexões, Clarêncio trouxe alguns esclarecimentos para enriquecer meus pensamentos:

– André, como você mesmo tem acompanhado, nossos esforços diários nesse trabalho nos oferecem oportunidades de refletir as ações do Cristo junto à humanidade. Transformamo-nos em instrumentos de Seu amor, diminuindo o sofrimento de nossos irmãos onde quer que se encontrem, buscando dilatar sua compreensão da verdade maior que rege a vida no Universo.

Esses espíritos não poderão mais ficar na Terra porque ela não terá condições de oferecer a eles as experiências difíceis que necessitam para sua educação espiritual. Eles as encontrarão nas experiências dolorosas e retificadoras do orbe que se encontra na categoria de mundo primitivo e que os receberá.

Até hoje atuamos com o objetivo de reabilitação do ser perante os erros do passado, abrindo-lhe possibilidades de acerto para o bem dentro da perspectiva de experiências que um mundo de provas e expiações oferecia.

Assim, esses dois elementos eram os princípios que nos norteavam a direção, tanto para aqueles que precisam retornar à lida material, quanto para darmos orientação espiritual por meio das comunicações. Essas informações visavam ao despertar para a realidade espiritual, proporcionando nossa melhoria e a dilatação desse mesmo bem na Terra.

Mas agora precisamos meditar em duas situações: a primeira é a fase da sementeira da verdade, bem como seu acompanhamento para que se desenvolvesse o broto e germinasse a plantação no terreno de nossa intimidade. A segunda é a da floração e a frutificação na vivência e espiritualização do ser.

Chegamos ao período em que a finalidade do processo evolutivo se torna outra, já que atingimos a fase em que o planeta é chamado à elevação de seu grau espiritual. Isso determina responsabilidades diferentes dentro da vida, com características de um mundo de regeneração a caminho de sua sublimação.

Com isso, saímos dos aspectos da lei de causa e efeito vinculados aos erros do passado e das características do olho por olho, dente por dente, que fundamentaram uma educação rígida para os espíritos ignorantes e brutos, com programações vinculadas à expiação para aferir valores adquiridos tanto em nosso plano quanto no físico.

Esse é o método de evolução nas linhas de mundos de provas e expiações, quando o ser ainda não sabe o que é o espírito e como ser espírito.

Agora teremos propostas diferentes, acabando ao longo do tempo com as características expiatórias e possibilitando uma fase em que as experiências estarão vinculadas a missões conscientes e objetivas de trabalhos no âmbito do crescimento pessoal e social, sem que ninguém se sinta um ser especial ou diferenciado com isso.

Os objetivos se tornam outros, os projetos e programas de apoio efetivados pelos planos espirituais instituem novas bases para a lei de retorno, apresentando uma justiça mais próxima da misericórdia a ser aplicada nos planos de retificações de consciências. O amor será a diretriz mais abrangente para os planejamentos que pedem novos princípios na execução dessas etapas de aprimoramento.

Os ciclos reencarnatórios seguirão mais harmônicos na espiral evolutiva, apresentando movimentos sublimados e proporcionando a seus candidatos soluções mais efetivas diferentes das vividas no passado que presentavam o contrapeso da influência do mal e do sofrimento, fundamentando a expressão de que o amor cobre multidão de pecados.[1]

Todos os nossos objetivos, estudos, atividades de aprimoramento e a maneira de conduzir nossos trabalhos ganharão sutilização e elevação, proporcionando outras experiências adaptadas para desenvolver nossas vidas futuras numa trajetória diferente daqui para frente. Todas as tarefas no mundo terão essa característica, indiferentemente da área de atuação e da sua execução.

No lar, na arte, nas escolas, nos esportes que ainda existirem, na ciência ou nas outras atividades que visam ao despertar do potencial de inteligência do espírito, que as verão de forma sagrada para seus corações.

Por isso mesmo, as instituições espirituais, e mais à frente as físicas, terão essa clareza existencial e a proposta de tudo o que se fizer será para o benefício coletivo, sem o exclusivismo pernicioso no qual o egoísmo criou limites de separatividade.

A abrangência amorosa que nasce de Deus e do coração do Cristo chegará a todos nós e nos encontrará preparados para deixar que Sua ação atravesse nosso ser, identificados com a magnitude desse movimento natural que rege a vida universal.

Clarêncio calou-se. Fiquei a meditar sobre o quanto precisamos abrir nossa intimidade para nos transformarmos num instrumento do bem dentro da Terra.

---

[1] I Pedro, 4:8.

capítulo 13

O APÓSTOLO DA GENTILIDADE

Acompanhar aquelas experiências tão ricas tornavam-se oportunidades de auxílio e aprimoramento de meu espírito, já que ainda não poderia estar no campo de batalha mais direto, através da reencarnação, na qual muitos de meus amigos já se encontravam. Gostaria de cooperar com Jesus, dando os mesmos testemunhos e participando das transformações que nossa escola de almas precisa para se fixar como um mundo de regeneração.

Nossos orientadores me esclareciam que a ação espiritual junto aos encarnados tem tanto valor quanto estar envolvido diretamente nas atividades transformadoras da esfera material, principalmente porque estas são realizadas no anonimato, sem reconhecimento da autoria do trabalho que essa posição exige, mostrando a verdadeira origem de tudo o que acontece: Deus.

Numa dessas atividades de recepção e recolhimento desses irmãos, Clarêncio e eu pudemos acompanhar a retirada de um espírito que poderia ser classificado como uma das entidades mais trevosas com a qual tomei contato em minha existência após a morte do corpo.

Seu quadro era, realmente, muito triste. A aparência física lembrava muito pouco a do ser humano, pois personificava uma besta-fera apocalíptica, muito próxima das ilustrações luciferianas. Emitia vibrações com uma energia das mais baixas que pude averiguar, emanando frieza, impingindo terror e desolação. Sua condição mental se apresentava altamente perturbada, procurando sobrepor-se a qualquer uma que dele se aproximava, demandando muita energia de minha parte para me sobrepor a ele. Trazia a tela mental totalmente envolvida em ações de combate dirigidas ao Cristo, como se Ele fosse o seu maior inimigo.

Clarêncio, observando o quadro, assim esclareceu:

– Temos aqui um dos maiores inimigos de Jesus que tem procurado, em todas as suas possibilidades, agir contra as forças do bem, tentando atingi-Lo, já que Ele é a luz do mundo.

Se investigarmos mais apuradamente, encontraremos a história de um grande seguidor de Sua mensagem, mas que um dia se decepcionou tremendamente por alimentar expectativas de benefícios pessoais ilusórios. Por não compreender os objetivos reais que nosso Mestre propunha, distorceu os objetivos superiores. Acreditando obter uma condição de protecionismo na vida superior, inexistente dentro do Universo, teve uma reação tão forte de revolta ao não atingir seus objetivos que assumiu, dali para frente, a postura de perseguidor de Jesus de qualquer manifestação da Sua doutrina, onde quer que surgisse.

Afagando-lhe a cabeça, fez uma breve pausa nas reflexões, para depois continuar:

– Antes de ser exilado, esse irmão terá uma experiência em nossa colônia. Um representante do Cristo, que sentiu na profundidade do seu ser um princípio de mudanças fundamentais, atuará na sua estrutura psíquica para favorecê-lo em sua transformação e deixar uma semente de luz que será claridade em meio às trevas e força em sua intimidade, até que se torne uma chama de redenção.

Vamos aguardar algum tempo e poderemos estar presentes no trabalho de auxílio a esse coração perturbado e infeliz.

Os dias transcorreram em clima de muito trabalho até que, numa noite em especial, Clarêncio me notificou e convocou para participar da intervenção espiritual em favor daquela entidade obscura do mal.

Todo o ambiente fora preparado fluidicamente para aquele evento. Nossas equipes de apoio se utilizariam de alguns irmãos da esfera física para servirem de intermediários na doação de energias materiais e para realizar um choque anímico mais eficaz, permitindo o despertar da consciência do irmão em desequilíbrio.

Uma equipe de transporte chegou com cinco companheiros da realidade material, sendo que três deles seriam doadores de energia e dois atuariam como médiuns de psicofonia, permitindo que o espírito beneficiado pudesse ter sua condição mental desperta num grau mais efetivo. Junto deles, também se encontrava uma equipe de nosso plano para fornecer energias adequadas às entidades que viriam dos planos mais altos e se materializariam para auxiliá-lo no despertar espiritual.

A direção dos trabalhos iniciou a tarefa com uma prece comovedora, pedindo a multiplicação das possibilidades de despertar aquele coração. Um dos médiuns foi colocado bem junto ao nosso irmão necessitado e mediunicamente entrou em sintonia com ele. Assim que se ajustou, a entidade começou a despertar do sono no qual se encontrava. Algumas palavras desconexas foram pronunciadas com grunhidos de animalidade, característicos das entidades desse nível.

Após alguns minutos em que foi tomando consciência de si mesmo, falou furiosamente:

– Como ousam prender um ser como eu nesse estado de miséria e infelicidade? Pagarão um alto preço por essa ousadia! Meus comandados já devem estar cientes de minha falta e em breve articularão uma forma de me libertarem.

Nesse momento, o responsável direto pelos trabalhos falou:

– Irmão querido, você não acha que já é tempo de despertar para a verdade e para uma transformação que lhe trará um bem-estar enorme?

– Despertar para uma verdade em que não acredito? Entregar-me a uma transformação que me tornará um ser fraco e vil, como Aquele que vocês representam? Que passou pela Terra pregando valores que não têm nenhum poder e posições de subserviência a um Deus sem grandeza? Que não dá garantias? Onde só encontramos o sofrimento como paga? Não recebeu Ele mesmo a cruz pelo que fez? Que Deus de bondade é esse? Nunca abrirei mão da minha condição. Só não o estrangulo por me achar em desvantagem e amarrado – referindo-se ao médium pelo qual atuava.

Ele gritava e gesticulava com muita raiva, sendo contido pela tremenda disciplina do médium e pelas energias coercitivas de nosso plano.

– Mas meu amigo, o tempo nos tem mostrado o quanto é inútil agir assim. Por mais que você busque, não consegue atingir Aquele que é a luz de nossas vidas, a força sustentadora dos nossos anseios de amor e trabalho em nome do Pai.

– Se ele é um pai, o é apenas de vocês, já que não me admito como filho de uma aberração criadora que transforma os seres em servos inúteis. Não me chame de irmão, pois não pertenço à sua genealogia. Sou filho das trevas e do mal e é assim que pretendo continuar.

Nesse instante, uma luz foi se formando dentro da concentração de energias doadas pelos companheiros de nosso plano, que estavam ali exatamente para esse objetivo. Aos poucos, uma personagem altiva e séria se materializou entre nós, com as características de um judeu do passado.

Seus olhos iluminados e profundos dirigiram-se amorosamente para a entidade. Uma luz que saía do seu tórax envolveu-o completamente, fazendo com que tampasse os olhos com as mãos, tamanha era sua dificuldade de encarar aquela claridade irradiante.

Mesmo assim, demostrando a dureza que existia em seu coração, ele exclamou:

– Não me venham com esses sortilégios e magias que a mim nada disso atinge!

Com uma voz firme e penetrante, o judeu se fez ouvir para todos ali presentes, impressionando-nos pela firmeza de sua expressão:

– Que é isso, Rufo[1]? Por que você alimenta esse estado de alma por Aquele que abraçamos como causa de nossas vidas e vitória para nossos espíritos?

Ouvir as palavras ditas daquela forma, bem como o seu nome ser pronunciado com tamanha afetividade, fez com

---
1 Romanos, 16:13

que saísse da posição defensiva e dissesse, assustado e ao mesmo tempo impressionado:

– Quem é você? – perguntou com uma expressão de espanto e dor.

– Sou eu, Paulo, seu amigo e companheiro de jornada. Aquele que, como você, muito alimentou a intenção de seguir Jesus e divulgar Seu Evangelho entre os homens.

A inflexão da voz era tão amorosa e penetrante que o paralisou naturalmente. Todos nós ficamos extremamente tocados por sua energia espiritual, envolvidos pelo forte magnetismo da sua personalidade que emanava uma autoridade moral pouco encontrada, mesmo entre os espíritos mais nobres de nossa colônia.

Expressivo silêncio se estabeleceu entre os dois, até que o apóstolo da gentilidade voltou a falar:

– Jesus o espera confiante, para que você siga Seus passos, retornando às diretrizes que abandonou em outros tempos. Em nome Dele, venho pessoalmente abrir-lhe as portas da redenção para que possa caminhar com seus próprios pés até encontrá-Lo no amanhã.

Ao pronunciar aquelas palavras, Paulo direcionou para ele intensas ondas de luminosidade que, ao tocá-lo, desfaziam as impregnações fluídicas escuras agregadas ao seu períspirito bestializado, mudando-lhe a característica bruta e feroz e, aos poucos, aquela forma animalesca se apresentou numa condição mais humanizada.

Após essa primeira intervenção, ele foi colocado junto a outro médium recebendo um segundo choque vibratório com o objetivo de auxiliar a fixação da forma cada vez mais próxima de sua natural condição humana. O primeiro médium, que tinha atuado na psicofonia, foi retirado da sintonia da entidade, auxiliado por membros de nossa equipe na restauração de suas energias e levado de volta ao corpo.

Sem forças para qualquer ação, Rufo ajoelhou-se diante do apóstolo, chorando profundamente. A presença do amoroso amigo provocava uma comoção afetiva que o libertava da condição de insensibilidade emocional, instaurada para diminuir, quase completamente, a reverberação de seus sentimentos.

Paulo aproximou-se dele, tocando-lhe a cabeça carinhosamente, e de suas mãos saíam fagulhas luminosas. Após alguns minutos nessa doação salutar, continuou a falar:

— São chegados os momentos cruciais para sua existência espiritual. Você será preparado para redirecionar sua vida ao nosso amado Mestre, que o ama profundamente e aguarda para acolhê-lo nos próprios braços, após as mudanças que terá de realizar.

— Você será levado a outro orbe e poderá escolher seguir as propostas do outro Cristo planetário. Ele convidará todos os exilados da Terra que estão despertos para trabalhar em Seu nome, orientando os espíritos mais novos originários daquele planeta para que possam descobrir suas origens divinas e se encontrarem com o Criador de nossas vidas.

Despertando sua consciência iluminada através do trabalho, da dedicação e da abnegação com que será chamado a agir, atingirá sua renovação íntima, encontrando Jesus novamente e redirecionando sua caminhada nas linhas retas da evolução.

Aproximando-se, depositou um afetuoso beijo no rosto de Rufo. Ao receber essa carga de intenso amor, duas grossas lágrimas desceram dos olhos dele, deixando entrever uma chama de humanidade que até aquele momento não tinha se apresentado, demonstrando que, por trás daquela face distorcida pelas lutas contra o bem, uma réstia de amor recomeçava a nascer.

Chegando perto do ouvido do apóstolo, apenas pôde balbuciar algumas palavras:

— Não... me desampare... por favor... querido... amigo... Que Jesus nos ampare...

Paulo, emocionado, respondeu:

— Não tema as lutas que se apresentarão na nova jornada. Estaremos todos ao seu lado. Alimente o propósito de seguir com confiança o Cristo que se apresentará ao seu coração, que oferecerá a mesma experiência de seguir Jesus, nosso Mestre querido, que você encontrará pessoalmente em seu retorno à casa do Pai. Ele o tem junto a Seu coração amoroso.

Assim falando, depositou nos braços do chefe de nossa equipe espiritual a figura do terrível combatente do Cristo completamente transformada num doente a caminho do processo de cura. Olhando para todos nós com um profundo olhar de reconhecimento, disse amorosamente:

– Que a paz de nosso querido Mestre esteja em todos os corações!

Aos poucos, a sua figura marcante foi se desfazendo para nossos olhos, ao mesmo tempo em que suave claridade nos envolveu em ondas de profunda afetividade, deixando um perfume inconfundível que marcaria nossos espíritos para sempre.

capítulo 14

PRESENÇA DO MENSAGEIRO CELESTIAL

Numa manhã, quando me encaminhava aos afazeres comuns no Ministério do Esclarecimento, fui notificado, pelos responsáveis da instituição, que Clarêncio havia me convocado a uma reunião para dali a uma hora, no Ministério da Comunicação.

Assim, quando deu o tempo determinado, já me achava na entrada principal do prédio designado, no qual avistei, de longe, a figura de Clarêncio acompanhado por uma senhora de expressivo olhar.

Ambos me acolheram com um bom-dia carinhoso, desejando-me a paz de nosso Mestre de amor.

Então, Clarêncio me apresentou sua acompanhante:

— André, essa é Clara, do Ministério da Comunicação, onde participaremos de um trabalho que está sob sua responsabilidade, assim como as atividades que estamos executando na limpeza astral do orbe. Aqui colheremos um aprendizado para todos nós.

Ela abraçou-me com muito carinho, fazendo com que me sentisse acolhido com tão sincera simpatia. Era como se já fôssemos antigos conhecidos.

Nós a seguimos até uma sala onde a tarefa se realizaria. Verifiquei que tudo já estava preparado, nos mínimos detalhes, para um trabalho mediúnico. Cada espírito ali presente já estava em lugar específico, formando um semicírculo. Ao nos sentarmos, e como era de praxe para todas as reuniões daquela natureza, Clara nos recomendou que nos colocássemos intimamente em prece, ligando-nos a Jesus e aos planos superiores para que pudéssemos auxiliar na materialização que aconteceria.

Ela fez uma prece bastante sensibilizadora, com extrema emoção e sublimidade, fazendo com que deixássemos algumas lágrimas caírem. Pedia a Jesus e a Deus que pudessem ajudar no que fosse possível, cooperando positivamente com o campo vibratório daquele ambiente.

Uma grande câmara cristalina[1] estava instalada a nossa frente, ligada a fios específicos que iam para uma sala conjugada na qual alguns irmãos de nosso plano estavam deitados, em profundo relaxamento. Eles forneceriam o material fluídico necessário para aquele tipo de comunicação.

As energias doadas por eles eram utilizadas no reduzido gabinete, estruturado em substância semelhante ao vidro puro e transparente, em cujo interior poderiam se abrigar duas ou três pessoas. Essa matéria-prima moldava uma paisagem simbólica, personificando a paz e um ambiente com as energias superiores da vida, criando uma atmosfera favorável à manifestação das entidades superiores.

Para isso, outros auxiliares postaram se ao lado da pequena câmara, em posição de serviço, coadjuvando os esforços emitidos pelo potencial das forças íntimas dos doadores que, à pressão do próprio esforço mental, penetravam no gabinete de cristal com suas vibrações mais sublimes e, utilizando as vigorosas energias da imaginação, formaram um recanto de indefinível beleza junto à aconchegante natureza.

Continuamos concentrados e uma luz irradiante se intensificou na câmara, criando, aos poucos, uma forma humana da cintura para cima e irradiando pequenos feixes de luz.

---

[1] Essa câmara especial de comunicação com os planos superiores da vida é citada no capítulo 3 do livro *Obreiros de vida eterna*, autoria espiritual de André Luiz, psicografado por Chico Xavier – Editora FEB.

Era Asclépios, alguém conhecido de minhas experiências anteriores[2] e que nos saudou com carinho e amorosidade:

– Meus queridos irmãos em Cristo, que as bênçãos de Jesus nos fortaleçam o espírito e que a chama viva do amor seja nosso elo nesse instante.

Uma irradiação saía de todo o seu ser tocando-nos um a um, fazendo-nos sentir profunda paz.

Depois de ligeira pausa, continuou a falar:

– Esses dias de profundas transformações para nosso orbe podem dar a impressão de que a Terra está como um barco sem direção, acometido por ondas de intensa força. Essa interpretação incorreta torna propícia a instalação do medo, principalmente naqueles que ainda não aprenderam a buscar equilíbrio no próprio ser que é a fonte de segurança e confiança Naquele que é a sustentação da vida.

Esse mesmo medo tem marcado a história da humanidade na Terra em momentos decisivos. Esteve presente nos fatos que precederam a crucificação de Jesus, exemplo de serenidade e equilíbrio diante das escolhas infelizes dos homens. O tribunal que ordenou sua crucificação injusta estava fundamentado pelos jogos de interesses políticos e raciais. Pôncio Pilatos, juiz frágil que julgou Sua causa, tinha medo de comprometer Roma nas discussões com os doutores da lei, eximindo de defendê-Lo mesmo sabendo que era inocente. Os

---
2 A primeira menção a esse espírito é feita na obra citada na nota de rodapé anterior, na qual Asclépios é apresentado pelo mentor Cornélio como sendo um dos mensageiros do Pai que, com sacrifício, abnegação e humildade, sofre os choques vibratórios de nossos planos mais baixos, retomando a forma humana que abandonou há muito tempo, ignorando nossas fraquezas para nos estimular a participar de suas gloriosas experiências.

sacerdotes judeus agiam contra Ele por medo de perderem o poder sobre a inconsciência popular que se tornara peça de fácil manipulação religiosa. E a população, por medo de represálias, chegou a condená-lo e escolheu o criminoso Barrabás para ganhar a liberdade.

Aquele ato infeliz pareceu transmitir a falsa vitória do mal sobre o bem, gerando insegurança e mais medo, pois entregava o Cordeiro ao matadouro dos vorazes lobos humanos.

Só com o tempo poderíamos compreender que a verdadeira vitória foi Daquele que parecia ser o vencido e os que se consideraram vencedores perderam, irremediavelmente. Só Jesus é o ganhador dos séculos, ensinando para todos nós que a principal luta não se dá nos campos exteriores, mas, sim, na natureza espiritual interior.

Não será diferente nesses tempos em que a Terra dá seus últimos suspiros de ignorância e maldade!

As luzes da harmonia e da transformação superior emergem sobre os escombros do materialismo, do preconceito, da ganância desenfreada e de um poder que passa sob a força impetuosa do tempo.

Aquilo que parece morte e destruição é apenas o sopro divino da vida que nasce do Criador e que gera o movimento renovador das lutas e experiências para o amadurecimento do espírito em todo o Universo.

Com relação aos valores ilusórios que o homem construiu, é necessário que não fique pedra sobre pedra que não seja derrubada, pois foram edificados sem as bases profundas da natureza espiritual.

É uma ilusão acreditar que a segurança nasce dos armamentos de destruição e das mortes coletivas de supostos adversários. Independentemente dos interesses e particularidades das raças, somos todos seres irmãos, compomos uma mesma humanidade onde só o amor fraternal e o respeito às necessidades essenciais de cada um têm o poder de criar a paz. Não será no processo de separação e isolamento que se dará a solução dos problemas do orbe, mas, sim, da união fundamentada na realidade essencial do ser que encontrou em si a semelhança com o outro.

As aparências, as ilusões, os prazeres e a busca nos caminhos tortuosos das sensações passageiras darão lugar à linha reta do desenvolvimento espiritual que o ser terá de realizar pelos caminhos do sentimento enobrecido.

Sejamos as mãos do Cristo para nos transformarmos em instrumentos de Seu amor no redirecionamento dos caminhos humanos e do próprio planeta para finalidades mais profundas da vida!

O nobre espírito fez uma pausa em sua mensagem. Um clima de elevadas reflexões nos envolvia.

Naquele momento, Clara falou que alguns dos presentes, previamente escolhidos, poderiam fazer perguntas para Asclépios com o intuito de buscar esclarecimentos e orientações para trabalhos de apoio ao período de vida que o orbe passava.

capítulo 15

DIÁLOGO ESCLARECEDOR

Asclépios é um espírito de condição evolutiva superior que pertence a uma posição elevada, em se tratando das condições pessoais dos que ali estavam presentes, principalmente no que diz respeito a meu espírito.

Ele é considerado por muitos mentores de Nosso Lar como um espírito da mais alta hierarquia da Terra, vive em condições que ultrapassam em muito tudo o que temos como referência, seja no plano físico ou em nossa esfera, mesmo tendo no Ministério da União Divina espíritos superiores detentores do que de mais nobre e elevado existe na colônia. Estávamos diante de um espírito que nos fazia entender, numa proporção menor, o que seria ter Jesus diante de nós.

Olhando-nos com uma expressão indefinível, aguardava que a responsável pela reunião apresentasse novas dúvidas ou pedidos de esclarecimentos sobre os trabalhos que nossa Colônia assumiu, envolvendo a limpeza astral da Terra e a fixação dos valores de regeneração.

Os responsáveis por cada Ministério farão as perguntas e os participantes da reunião poderão, eventualmente, fazê-las também. Entre eles, Clarêncio seria o responsável pelas indagações referentes ao Ministério do Auxílio.

O primeiro a perguntar foi Benevenuto, do Ministério da Regeneração, por ser esse o setor que atuava de forma mais direta naquela ação.

– Querido e abnegado mentor, sabemos que a harmonia do Universo se estabelece de Deus para nós e reconhecemos que somos partes integrantes do processo de criação. Como agentes de produção, temos responsabilidade no que diz respeito a influenciar a vida ao redor de nós.

O que fazer diante da atuação perturbadora que a mente humana tem provocado? Como lidar com o medo e a violência causados pela distorção ilusória de se acreditarem separados uns dos outros? Que recursos aplicar para diminuir as lutas armadas, seja no âmbito pessoal, familiar ou social, expressas em disputas de poder e exploração, tanto entre as nações da Terra quanto nos planos espirituais inferiores?

Asclépios, como de costume, pegou um pergaminho e abriu-o com os dizeres do Evangelho: "Nisto todos conhecerão que sois meus discípulos, se vos amardes uns aos outros...".[1]

Ficamos calados, refletindo sobre a frase. Cada um de nós, dentro do grau evolutivo, procurava interpretá-la de acordo com o seu entendimento. Eu mesmo compreendi que, para solucionarmos aqueles problemas, somente encontraríamos a solução real por meio da vivência do amor.

Reconhecendo a necessidade de maior esclarecimento na tarefa de acolhimento e acompanhamento dos espíritos recolhidos, bem como dos irmãos reencarnados que teriam acesso àquelas informações, Asclépios ampliou a mensagem do pergaminho:

– Chegamos ao período em que todos os espíritos da Terra são chamados a se tornarem dignos seguidores de Jesus e, para isso, não podem mais seguir os padrões da inferioridade nos quais o medo e a ilusão material sejam princípios determinantes de suas escolhas. Estando

---

[1] João,13:35.

despertos e conscientes da realidade espiritual, revelada pelos campos religiosos e espiritualizados no mundo, todos têm condições de seguir o exemplo do Mestre e dos seus representantes, enviados a outras regiões do orbe com o mesmo objetivo que Ele: o de propor aos homens que se amem e se respeitem de acordo com os padrões que regem a vida de todos os seres conscientes no Universo.

Calou-se e esperou que fizessem outra pergunta.

Tobias[2], um dos chefes que atua também no Ministério da Regeneração, e foi o amigo que me acolheu quando trabalhei naquele departamento, complementou a resposta:

— Acolhemos irmãos em condições bastante perturbadoras, apresentando uma inconsciência muito grande em relação ao bem e que estão sendo direcionados ao nosso Ministério para serem preparados convenientemente e levados a outro orbe na posição de exilados.

Como proceder com esses corações se eles são o que fomos ontem e sentimos que, de alguma maneira, somos corresponsáveis pelos desvios que realizam até hoje? Qual seria a melhor forma de auxiliá-los sem sentirmos um peso pela sua retirada do planeta? Como ficaremos na tarefa de restauração de uma Terra regenerada?

Da mesma maneira com que procedeu na pergunta anterior, ele abriu um pergaminho no qual estava escrito: "A cada um segundo a sua obra".[3]

---
[2] *Nosso lar*, capítulo 38, autoria espiritual de André Luiz, psicografado por Chico Xavier - Editora FEB.
[3] Mateus, 16:27.

E logo abaixo outra, que a complementava: "Amados, se o nosso coração não nos condena, temos confiança para com Deus".[4]

Depois de um breve silêncio, reservado às nossas reflexões pessoais, complementou:

– Cada um colhe o resultado das próprias escolhas e ações no campo das experiências necessárias ao aprendizado que precisa ser adquirido, visando ao despertar do potencial divino que o Criador depositou em todos nós. Na caminhada evolutiva, o ser pode alterar sua posição ora agindo no bem ou continuando a atuar na ignorância. Mas como o Universo é a casa do Pai e Ele sabe o que é melhor para todos, devemos sempre confiar na Sua sabedoria, que estabelece o caminho de nossa felicidade real, convidando-nos a ocupar a parte que nos toca. Indiferente do local em que nos encontramos, temos o dever inadiável de fazer o bem onde somos chamados a viver, tornando-nos Seus instrumentos dentro da vida.

Precisamos sentir que todos estão sob o amparo de Sua influência direta e que não há nada de errado dentro do Universo.

---

4 I João, 3:21.

capítulo 16
OS ESCLARECIMENTOS PROSSEGUIAM

A programação estabelecida para as perguntas continuava no intuito de esclarecer qual a visão da espiritualidade superior sobre os acontecimentos mais pesados e dolorosos que a Terra tem vivido. Essas informações nos orientavam como melhor auxiliar nas transformações que o planeta precisava passar.

Dando continuidade ao intercâmbio, Clarêncio foi chamado a perguntar:

— Caríssimo irmão, agradecemos pela bênção do Alto que nos permite esclarecer e ajudar nos trabalhos do bem.

A ignorância que ainda impera na miopia humana alimenta a distorção de que não são filhos do mesmo Pai, gerando lutas fraticidas e guerras de extermínio entre as nações. Algumas delas querem, até hoje, deter o poder destrutivo inigualável através das armas, estabelecendo a primazia entre si. Criam níveis de destruição tão grandes que essa ameaça gera dor, sofrimento e instabilidade mundiais, fazendo com que o trabalho de regeneração da Terra se torne mais difícil.

O que esperar da parte da Espiritualidade Maior e de Jesus para os nossos destinos?

Asclépios levantou um pergaminho e o abriu com as seguintes inscrições:

"E ouvireis de guerras e de rumores de guerras; olhai, não vos assusteis, porque é mister que isso tudo aconteça, mas ainda não é o fim. Porquanto se levantará nação contra nação, e reino contra reino, e haverá fomes, e pestes, e terremotos, em vários lugares. Mas todas estas coisas são o princípio de dores. Então vos hão de entregar para serdes atormentados, e matar-vos-ão; e sereis odiados de todas as nações por causa do meu nome. Nesse tempo muitos serão escandalizados, e trair-se-ão uns aos outros, e uns aos outros se odiarão. E surgirão muitos falsos profetas, e enganarão muitos. E por se multiplicar a iniquidade, o amor de muitos esfriará. Mas aquele que perseverar até o fim será salvo. E este evangelho do reino será pregado em todo o mundo, em testemunho a todas as nações, e então virá o fim".[1]

A mensagem era bastante forte para nossos corações e esperamos com expectativa que Asclépios pronunciasse seus esclarecimentos que assim se deram:

— Meus amados do coração, o amor de Jesus abrange toda a Terra e os planos que a circundam. Seus olhos amorosos observam atentamente o fundo dos abismos e os altiplanos da vida espiritual.

A determinação irrevogável que parte de Seu espírito glorioso é a de que o orbe cresça e nele prevaleça a espiritualização interior de todos os seres despertos e esclarecidos para a verdade universal. As limitações que separam as nações do mundo devem ser rompidas para estabelecer o fim do mal na Terra. Somos uma só família que deve se reencontrar com o restante dela no Universo afora, onde todos são filhos de um mesmo Pai.

A transformação geral nos valores humanos é inevitável e ocorrerá nos âmbitos pessoal e de grupo, tocando cada qual na sua necessidade de renovação para despertar seus valores essenciais.

---

[1] Mateus, 24:6-14

Essa ação renovadora terá aspectos de dor e desilusão, uma vez que interromperá o convívio dos corações endurecidos com os bons. Isso se fará para que aqueles tenham a oportunidade de acordar suas consciências enquanto passam por esse afastamento e levem para onde forem uma reflexão inicial, que lhes será a base de mudanças e o estímulo sustentador que precisam para abraçar o trabalho que o novo Cristo lhes traçará com objetivos de libertação que virá pela execução dos projetos de progresso e auxílio na sociedade do orbe que será sua nova casa.

Os espíritos com disposição de acordar espiritualmente formam a base da nova geração que habitará a Terra daqui para frente, pois estão prontos para adotar uma postura diferente de viver com abnegação e dedicação ao trabalho regenerador que precisam fazer, não só para o planeta, mas principalmente ao próprio coração.

Todos que perseverarem nessa postura estarão salvos do mal, criando um clima vibratório diferente para si mesmos, desde já, isentando-se de serem mais diretamente envolvidos nas calamidades dessa hora e se integrando a uma casa planetária onde o amor será a essência de todos os nossos movimentos.

A ação humana em seus propósitos tresloucados atingirá apenas aqueles que acalentam as mesmas propostas, isso porque a ilusão que alimenta essas distorções deverá ser destruída em cada um.

O aniquilamento de posturas, sociedades ou grupos específicos é força renovadora, abrindo espaço para que novas expressões surjam em oposição a esses princípios, criando alicerces para uma nova justiça que regerá o planeta em sua perspectiva superior. Suas leis serão registradas e lavradas da mesma forma como foram escritas pelas mãos de Deus em nossas consciências, retratando as normas divinas que regem a vida do Universo.

Os rumores de guerras e elas mesmas passarão, ficando apenas as lutas que se dão portas adentro do coração na vitória sobre as impressões limitadas da matéria que distorce a verdadeira face da vida: a manifestação do espírito em tudo e todos.

Precisamos saber que Deus nos ama e é para esse amor que nos entregaremos para sempre!

Esse é o fim!

capítulo 17

CONHECIMENTOS ELEVADOS

Os esclarecimentos nobres continuavam para nossos corações.

Nossa irmã Veneranda estava presente àquela reunião e já era conhecida pelos amigos do mundo material como colaboradora de nossa instituição em decorrência das obras que escrevi[1] por intermédio de Chico Xavier, nosso abnegado médium de Uberaba.

Vale registrar que constantemente o encontrava neste outro lado da vida com o mesmo carinho que estabelecemos nosso vínculo quando atuávamos na parceria mediúnica de escrever lições de espiritualidade para esclarecer nossos irmãos da Doutrina Espírita.

Veneranda, com seu jeito meigo e amoroso, dirigiu-se a Asclépios com a seguinte saudação e posterior pergunta:

— Oh, irmão do Cristo, cuja presença nos traz a bênção da serenidade e do amor! Como serva de Jesus, sinto-me sempre em débito com o Seu amor infinito e me coloco à disposição de representá-Lo sempre que formos chamados a essa oportunidade.

Os homens da Terra colocam divisões não só em nível de nações e pátrias como também de planetas, sem perceberem que não existem essas divisões para os filhos de Deus.

Sabemos que a família universal se relaciona naturalmente numa comunhão com o Pai a fim de executar Seus desígnios de sabedoria.

---
[1] Veneranda é ministra da Regeneração na Colônia Nosso Lar, apresentada por André Luiz no livro *Nosso lar*.

Poderia esclarecer-nos quanto ao intercâmbio entre os mundos? Quando é que se fará a ação mais direta dos irmãos, classificados pelos homens como extraterrestres? Quando poderemos ver de forma efetiva o intercâmbio entre eles e os encarnados? Percebia que os propósitos das perguntas, mais uma vez, eram mais para atender às necessidades dos encarnados do que propriamente do plano espiritual no qual nos encontrávamos.

Asclépios já conhecia a maioria dos companheiros ali presentes; dirigiu, em especial, um olhar de amor fraterno a nossa irmã e disse:

— Minha querida irmã, que a paz do Mestre esteja em seu coração!

E logo pegou novo pergaminho que trazia os seguintes dizeres:

> "E tocou o sétimo anjo a sua trombeta, e houve no céu grandes vozes que diziam: O reino do mundo passou a ser de novo do senhor e do seu Cristo, e ele reinará pelos séculos dos séculos".[2]

O nobre mentor percebeu o impacto positivo daquela assertiva. Após breves momentos de silêncio, esclareceu:

— No fechamento do ciclo de provas e expiações, retratado como o sétimo anjo tocando sua trombeta, faz-se a finalização da limpeza a que o orbe se submete para o seu soerguimento, desenvolvendo o reino dos céus em seu seio.

---
2 Apocalipse, 11:15.

Esse processo de limpeza deve ser iniciado no coração dos próprios espíritos no domínio de si mesmos, predispondo-se a não serem mais dominados pelos abusos e paixões humanos. Dessa forma, os amigos do plano espiritual, com as vozes da verdade, elevarão os raciocínios humanos além dos estreitos entendimentos baseados apenas nos seus cinco sentidos. Eles os farão compreender quem são, para além de sua posição estreita das paisagens terrenas, herdando a condição de filhos do Universo que reflete a posição de Jesus como filho unigênito[3] do Pai.

Nesses momentos, o intercâmbio entre os filhos do Universo se fará naturalmente e eles auxiliarão na reconstrução do novo mundo, introduzindo a Terra na grande família universal de mundos e seres da qual se encontrava isolada.

Os espíritos extraterrestres já se comunicam com os homens quase como que naturalmente, mas em planos vibratórios mais sutis. O passo seguinte a esse processo é o intercâmbio no plano físico, materializando esse procedimento e dando um novo padrão à vida de todos que se encontram nessa escola de aperfeiçoamento e despertar espiritual.

Terminada essa resposta, o visitante sublime se calou, aguardando a continuidade das perguntas.

Nesse momento, o próprio Governador de Nosso Lar se dirigiu a Asclépios fazendo a última pergunta, a fim de terminar os esclarecimentos daquela reunião singular:

---

3 Para que possamos compreender a unigenitura de Jesus em relação ao Pai, nós temos de tratar da condição do espírito puro, cujas características retratam a completa identificação com Deus. Até hoje, Jesus é o único nessa condição que temos notícias de ter pisado na Terra. A partir do momento que qualquer um assumir a condição de espírito puro, estará na mesma posição que Ele desenvolveu perante o Pai. (Nota do Médium)

– Querido mentor de amor e sabedoria, como poderemos nos colocar cada vez mais à disposição do Mestre de nossas vidas e fazer com que nossa colônia seja uma casa de operação do Seu amor? O que fazer para nos tornarmos Seus servos e fazermos Sua vontade nesse trabalho de transição planetária?

Por mais que possamos fazer por Ele, que nos ama sempre, torna-se pequena a nossa contribuição, como migalhas do bem em se comparando com o que nasce de Seu coração em direção a nossos espíritos e a benefício de nossa renovação.

Asclépios sorriu naturalmente e buscou uma mesma missiva do Evangelho apresentada anteriormente: "Conhecereis meus discípulos por muito se amarem".

E logo depois, pegou outra que a complementava: "O meu mandamento é este: Que vos ameis uns aos outros, assim como eu vos amei".[4]

Percebendo no olhar de todos a presença da compreensão, ele acrescentou alegremente:

– O amor é a forma mais perfeita de representar Jesus na Terra, pois é o sentimento por excelência, que faz com que nos identifiquemos plenamente com a vontade de nosso Pai.

Como o espírito é a essência do amor personificado, a mais alta expressão de viver será assumir essa condição de existir em toda a sua autenticidade e naturalidade.

---

4 João,15:12.

Manifestemos o amor por meio de nossos recursos e, assim, sentiremos a presença do Cristo junto de nós, lugar que nunca deixou de estar e, mais do que isso, sentiremos de forma absoluta a ação de Deus através de nós, repercutindo Sua presença na ligação do coração com o cérebro, totalizando o ser numa plenitude de viver a união entre todos como irmãos!

Eis o amor!

Asclépios se despediu de nós expandindo seu ser em claridade suave e benfazeja que nos tocava o espírito, deixando-nos com uma alegria inebriante. Fiquei nesse estado por um bom tempo, mesmo depois do término do conclave divino junto a um anjo do Senhor, se assim pudesse classificar a grandeza daquele irmão maior junto de nós.

capítulo 18

MOMENTOS CRUCIAIS

Após uma semana em que fiquei mais ligado aos diversos afazeres que estavam sob minha responsabilidade em Nosso Lar, recebi com alegria o convite de Clarêncio para participar de uma atividade sobre a qual me esclareceria melhor quando nos encontrássemos.

No horário combinado, estávamos na praça central da colônia onde convergiam as vias de ligação de todos os Ministérios, traçados na forma de uma grande estrela no centro da qual ficava a Governadoria, para melhor poder administrá-la com equilíbrio e ordem.

Clarêncio me informou que o trabalho se tratava do acolhimento de um irmão vinculado às trevas e que era responsável indireto pelas ações de determinado grupo de espíritos que buscava criar um princípio de guerra entre algumas das grandes nações do mundo. Queriam causar um caos para abalar a relativa estabilidade política, deflagrando uma crise que atingisse todos que vivem no orbe, criando obstáculos enormes na consolidação da regeneração terrena que estava programada para se dar com menos complicação e menor dificuldade.

As determinações do Alto programaram para que a regeneração ocorra com aspectos mais suaves e gradativos, fundamentada pela vontade do Cristo que se aproxima das expectativas dos irmãos do movimento espírita brasileiro, expressas no documento que se chamou de Data Limite[1], no qual o ano de 2019 é o marco para que não

---
1 Chico Xavier afirmou que quando o homem pisou na Lua, em 20 de julho de 1969, aconteceu uma reunião com as potências celestes do Sistema Solar para verificar o avanço da sociedade humana no planeta Terra. Nela, a humanidade ganhou um prazo de 50 anos para evoluir moralmente e viver em paz, sem provocar a Terceira Guerra Mundial. Diversos fatos e conexões históricas, agora, apontam que a data limite está próxima, promovendo a reflexão sobre a grandeza do Universo.

ocorra a terceira grande guerra entre as nações[2]. Ao evitar um conflito dessa magnitude, cria-se uma mínima condição de respeitabilidade entre elas, base que favorece o estado de regeneração por meio de conquistas e transformações extraordinárias a todos.

Dentro desse aspecto Clarêncio ainda falou:

– Em sua maioria, o homem tem aprendido a buscar os valores do respeito, da solidariedade e da paz, principalmente diante dos grandes acidentes da natureza, das calamidades sociais ou ações violentas de grupos radicais que têm gerado uma movimentação de auxílio e apoio coletivo que alcança todos os lugares do planeta, dando sinais inquestionáveis de que grande maioria da população não quer mais esse estado de perturbação.

É claro que encontramos na outra minoria atos de extremo desrespeito, fanatismos religiosos radicais, preconceitos horríveis e uma expressão mais violenta da criminalidade. Esse grupo possui força e poder que favorecem sua projeção e se utiliza da propaganda para melhor influenciar e impactar a sociedade.

Como esperar, desses momentos cruciais de mudanças, outra realidade fora dos parâmetros que temos assistido? É que o mal, em sua insinuação desesperadora, age sobre o próprio mal, lapidando suas últimas arestas. Essas ações estão inseridas naquela fala de Jesus quando disse: "Ai do mundo, por causa dos escândalos; porque é mister que venham escândalos, mas ai daquele homem por quem o escândalo vem!".[3]

---

[2] Essa data não está criando uma expectativa quanto ao final dos tempos nem estabelecendo um marco de início para a regeneração da Terra. Não havendo uma Terceira Guerra Mundial, a partir daí, a regeneração se dará de forma gradativa e suave, mesmo porque, o processo regenerativo já começou há mais tempo. (Nota do Médium)
[3] Mateus, 18:7.

Cada indivíduo, assim como cada grupo ou nação, encontrará os resultados daquilo que plantou e essas experiências mostrarão suas principais necessidades de renovação, ficando em evidência o que não mais escolher para seus caminhos daqui para frente. Regimes totalitários cairão, chefes de governo arbitrários perderão sua força contra o povo, grupos terroristas vão se extinguir com o degredo. Até as atitudes de nacionalismos e patriotismos darão lugar para uma visão mais globalizada do ser humano, evidenciando que não é pelo caminho da exclusão que obterão soluções para suas vidas.

As forças do bem e da verdade, que são a espiritualização dos seres, vão se sobrepor à mentira, aos enganos, à exploração das massas e à corrupção que ainda marcam os traços de animalidade em luta com a condição de humanidade que o espírito ainda não conseguiu fixar em si.

Uma visão espiritual do ser fará emergir novos valores a fim de que a existência e a realidade da vida universal consolidem as transformações que precisam acontecer.

Todas as nações vão repensar sobre o uso de armas de intenso poder de destruição até que se estabeleça uma ação firme por parte de todos de não mais produzi-las, mesmo que para isso tenha de acontecer uma experiência de dor e lágrimas sobre os que estão diretamente envolvidos nessa intenção.

A união entre os povos se fortalecerá após os acontecimentos mais sérios e drásticos que servirão de exemplo para que não venhamos mais a alimentar nenhum tipo de segregação num mundo onde a fraternidade e o amor serão as únicas forças de sustentação à vida.

Como aquela mesma multidão que procurava Sua mensagem ao sopé da montanha, buscaremos com mais ênfase a figura ímpar de Jesus para ouvir, no sermão do monte, as claridades das bem-aventuranças destinadas aos pobres de espírito, aos pacificadores e aos que têm fome e sede de justiça.

capítulo 19

RECOLHIMENTO INUSITADO

Quando nos juntamos às equipes, os trabalhos de resgates já estavam bem adiantados.

Percebia intensa movimentação de colaboradores de várias localidades, tanto do plano espiritual como do plano físico, e muitos traziam companheiros da atividade mediúnica que atuavam em verdadeiros hospitais de campanha montados para recebê-los, dando acolhimento e tratamento por meio de choques anímicos.

Havia muitas entidades para serem atendidas e Clarêncio me avisara que dentre elas se destacava um dos grandes líderes das trevas e, junto dele, estavam chefes de falanges com suas comitivas, seguidores e tropas. As atividades dessa falange estavam ligadas a várias nações do orbe.

Era a primeira vez que eu estava participando de uma intervenção daquela magnitude. Notei que a equipe do plano espiritual era muito grande, contando com a presença de especialistas que já participavam dos trabalhos dessa natureza, vindos não só do Brasil. Também registrei a presença de inúmeros representantes das diversas escolas religiosas compondo aquela operação especial, tal a gravidade das circunstâncias. Cada grupo estava encarregado de recolher os espíritos que se afinassem com a cultura e os padrões de identificação ideológica.

Alguns líderes religiosos do passado também estavam presentes e, do movimento espírita, pude encontrar Chico Xavier, Bezerra de Menezes, Eurípedes Barsanulfo, Cairbar Schutel e outros tantos, vindos de todos os recantos da pátria brasileira. Alguns coordenavam equipes de resgate e outros participavam dos trabalhos.

Entre tantas personalidades presentes, destacamos a figura angelical de Ismael, o Governador Espiritual do Brasil, figurando com outros espíritos de elevada posição, mas que eu não conhecia. Eram representantes de outras nações, demonstrando que aquela ação estava vinculada à responsabilidade global para nosso mundo.

Foram trazidos a um local espiritual próximo da região dos possíveis conflitos nucleares. Vinham em tão grande número que eles mesmos se mostravam como se tivessem sido pegos de surpresa.

Aproximamo-nos de um recinto à parte, devidamente preparado para receber o líder das trevas e que estava sob forte proteção da espiritualidade maior. A certa distância, e um tanto surpreso, pude ver em suas feições a figura de satanás, apresentando uma compleição física avantajada que exalava forte e estranho magnetismo. Estava agitado, embora contido por expressiva equipe de guardas. Impossibilitado de se movimentar, gritava excentricamente:

– Maldita corja do Cordeiro! Como ousam se intrometer dessa maneira em nossos negócios? Não sabem que somos os representantes dos donos do mundo?

Logo após sua manifestação, uma gritaria ensurdecedora se seguiu, cheia de clamores e xingamentos da pior espécie, vindo como terrível onda energética daquele grande grupo de entidades recolhidas, como se uma trombeta de loucura e desesperação dominasse o espaço em torno.

Em meio à gritaria que se instalou, projetou-se para o meio do grupo, dentre os espíritos superiores que estavam ali, um espírito cercado de intensa luz. Tinha uma presença tão ativamente sublime que a vibração de sua aura envolveu e se impôs a todos, controlando, sob o poder de sua vontade, a multidão desesperada que se calou imediatamente.

Clarêncio me informou ser Helil[1], importante mensageiro de Jesus em ação no planeta dentro da Europa. Com uma voz suave e comovente ele se pronunciou:

— Amados irmãos da eternidade, filhos da grandeza de nosso Pai, apesar de negarem a paternidade divina, força que sustenta nossas vidas, é para Ele que devem se voltar todos os anseios de felicidade e libertação.

Ao ouvir aquela saudação amorosa que trazia em si forte apelo à retomada da consciência e temendo o enfraquecimento de seus comandados, o líder cortou a palavra do nobre espírito:

— Não queremos seus anseios nem suas buscas fantasiosas de um céu fictício que não encontramos quando o procuramos. Um céu onde o desapontamento e a ausência de poderes preponderam, refletindo a fraqueza daquele que morreu numa cruz infame e se dizia filho de um Deus frágil e invisível, que na verdade não existe. Só nos restaram a decepção e a amargura das trevas, onde encontramos apoio e realizações de nossas buscas por poder, reconhecimento e satisfação de uma ação vantajosa.

Aquela estrela personalizada na forma humana voltou a falar com um olhar profundo e calmo:

---

[1] Helil é um dos colaboradores diretos do Cristo encarregado dos problemas sociológicos da Terra. É citado pela primeira vez no livro *Brasil coração do mundo, pátria do Evangelho*, autoria espiritual de Humberto de Campos, psicografado por Chico Xavier – Editora FEB.

– Vocês buscam uma fantasia. A realidade renovadora nos convida a crescer e desenvolver uma visão mais profunda da existência na qual aprendemos a auxiliar aqueles que se encontram na retaguarda. Vocês clamam por reconhecimento vazio e satisfações transitórias que mudam de mão e posição, quando devemos desenvolver a humildade e buscar a felicidade real e duradoura que só o amor propicia, por ser uma energia criadora que emana da presença de nosso Pai.

Vocês ainda permanecem distantes do despertar de suas consciências, sem condições de dar passos mais firmes para se libertarem das ilusões que se transformam numa segunda natureza e que os aprisionam a um sofrimento que fingem não sentir e na desolação de uma existência sem bases nas verdadeiras afeições.

O magnetismo daquelas palavras fazia com que todos o ouvissem sem nenhuma reação, efeito que alcançou até mesmo nós que estávamos ali para auxiliar e trabalhar. Passando o olhar calmo por toda a assembleia, continuou:

– Constroem em torno de seus passos a bajulação sem base de respeito verdadeiro e a mentira daqueles que, a cada momento, esperam o instante certo de lhes tomar os lugares almejados pela inveja ou pela ganância com que todos usufruem dos cargos sem valor real e das funções que só geram a solidão e as decepções.

Muitos de vocês podem abraçar o jugo suave e leve[2] que Jesus oferece para encontrar a realização verdadeira que os libertará da infelicidade, da tristeza, do tédio e do isolamento.

---
2 Mateus, 11:29-30.

Seus valores e riquezas mais se parecem com garras afiadas e profundas que ferem suas carnes frágeis e sem resistência, criando feridas que ocultam com as vestimentas nascidas das consciências culpadas, cobrindo a todos de frangalhos como preço imposto por suas buscas infelizes e ações malignas.

Para todos os que se sentirem cansados do mal, oprimidos pelo peso da culpa e quiserem se renovar, essa é a hora ideal para o início da libertação.

Nesse momento, rompendo o silêncio que lhe fora imposto pelo magnetismo de Helil e com seu consentimento, a entidade trevosa gritou com raiva e grosseria:

— Jamais aceitaremos esse convite desprezível e insensato. Estamos prestes a criar uma grande desolação e muitas dores para esse mundo e contamos com a ajuda de muitos homens que no plano físico alimentam discórdias e separação entre si, sustentando preconceitos e a arrogância de se acharem melhores uns do que outros.

Esses encarnados nos convocam para estarmos ao lado deles. Querem medir suas forças e demonstrar o poder de suas armas que são cada vez mais sofisticadas para matar um número maior de pessoas. Estão dispostos até mesmo a destruir o mundo para demonstrar a falência do Deus que vocês adoram e do Cordeiro que programou o crescimento desse planeta. Ele não conseguirá completar Seus objetivos de transformá-lo num mundo superior. Tudo isso não passa de sonho mirabolante, pois o mundo não tem mais jeito.

Por mais que tenha se empenhado nesses argumentos, viu que alguns chefes de falanges e subordinados a seu comando começaram a se movimentar em direção aos espíritos que os aguardavam com os braços abertos. Mesmo receando açoites e violências diversas, enquanto passavam pela turba, estavam dispostos a contradizer o maioral, demonstrando a descrença de que o mal em algum momento poderá superar o bem, que sempre se sobrepõe às suas ações.

Percebendo aquela evasão, o comandante ficou ainda mais irado e, revoltado, gritava desequilibradamente:

— Cretinos! Covardes! Vocês pagarão caro por essa traição! Onde quer que estejam minha mão os alcançará!

De nada adiantaram seus xingamentos e ameaças. Muitos outros espíritos abandonavam as fileiras do mal. Observando a movimentação, Helil voltou a falar:

— Meus irmãos, vocês não poderão concretizar seus planos de ação porque Jesus tem objetivos diferentes para nosso planeta e a guerra que tentam criar não acontecerá da forma que desejam. Os resultados das experiências dolorosas que alguns homens estão criando servirão para banir para sempre a guerra desse orbe. Os traços de violência e ignorância estarão gravados apenas na história como valores que um dia predominaram sobre o ser, deixando uma reflexão para que as gerações futuras nunca escolham esses tristes caminhos, mas sim, que usem o potencial divino para criar paz e fraternidade legítima.

O líder começava a dar sinais de certo abatimento, tamanha era a energia de amor que Helil irradiava sobra ele. Contudo, ainda tentando se manter firme em seu propósito, retrucou:

– Eu nunca aceitarei essa proposta! Nunca!

Nesse instante, os médiuns que foram trazidos para atuar na captação das entidades foram colocados ao lado de muitas delas, principalmente dos mais trevosos e perversos que, entrando naturalmente em sintonia mediúnica, sofriam choques anímicos e caíam em estado hipnótico, num adormecimento profundo. Logo após esse atendimento, as equipes de recolhimento os levavam imediatamente, alocando-os em grupos específicos, até que, por fim, ficou apenas aquela entidade-líder, incapacitada de fazer algo mais expressivo.

Helil falou novamente ao seu coração:

– O amor e a verdade atuando através de nós compõem o propósito essencial da vida, o que representa a presença de Deus fluindo por nós.

Percebo que você ainda cria resistência à transformação tão aguardada para que integre nossa felicidade real e que só será completa com a sua presença. Deveremos ter a mesma paciência de Deus que sabe aguardar o momento do despertar de todos os Seus filhos. Assim, esperaremos o tempo que for preciso para que ocorra a nossa integração definitiva contigo.

Após essas palavras, um médium de condição especial de trabalho foi colocado junto a ele e, gradativamente, provocou seu tamponamento consciencial, deixando-o em estado inconsciente[3]. Ele foi levado com os outros ao processo de preparação para o transporte e degredo planetário. Eles viveriam numa nova escola de almas que os

---

3 Em algumas intervenções mediúnicas, o magnetismo do médium age como um fator de despertamento ou tamponamento da capacidade mental do espírito. (Nota do Médium)

acolheria com carinho e afetividade, tal como uma mãe que sabe agir com acerto no desenvolvimento de seus filhos.

Os trabalhos começavam a se definir de forma mais objetiva, dispersando-se alguns grupos de encarnados que se deslocavam para seus destinos. Por nossa vez, envolvíamos com nossas energias aqueles espíritos semiadormecidos no objetivo de sustentá-los naquele momento; encaminhávamos outros ao acompanhamento de seus líderes, mas todos estavam subordinados à responsabilidade dos trabalhadores que agora direcionariam seus destinos. Clarêncio estava ao meu lado e complementou minhas observações para clarear os fatos que ali ocorreram:

— Surgiu para nós a oportunidade de realizar uma limpeza de grande porte, envolvendo várias facções dos planos inferiores e um de seus grandes líderes, bem como algumas nações que tentam criar um clima de precipitações políticas e insinuações armamentistas nucleares para promover uma guerra, colocando a vida planetária numa condição perigosa.

A intervenção de nosso plano veio minorar os efeitos dos movimentos inconsequentes dos que querem continuar com a postura de exploração e domínio que marcou a dinâmica da história humana. Alimentam a desonra de mostrar seus poderes e forças, esquecendo-se, mais uma vez, de que toda força real vem da fraternidade e todo poder verdadeiro nasce de Deus e do espírito.

Se a impressão causada por esse movimento gera temor sobre a mente da maioria, muitos se unem e intensificam a oração na busca da paz, ligando-se ao bem que é o marco mais evidente para o espírito desperto espiritualmente.

Ações como essa que acompanhamos serão repetidas e, aos poucos, veremos o esvaziamento de núcleos semelhantes a esse. A força do trabalho superior tem operado para acabar com esses focos de perturbação e transferi-los para outra localização planetária, retirando do nosso orbe essas características de inferioridade.

Os que persistirem por essas veredas corrompidas terão o mesmo fim: seja na ordem pessoal ou coletiva, serão convidados a não continuar mais nos novos patamares da Terra regenerada. Cada qual encontrará os resultados de suas buscas, pois como disse o próprio Cristo, "onde se encontra o tesouro aí estará o coração".[4]

Cada sentimento de amor ou aceitação será como as pedras preciosas a enriquecerem a existência. As emoções do ódio e da revolta serão pepitas falsas causando o empobrecimento das experiências, determinando o resultado como uma estrada iluminada ou apagada, conforme a direção que damos às forças que alimentam a vida interior. Seguimos nossas equipes com a sensação de que o cerco está se fechando cada vez mais para o mal e a luz do Bem começa a clarear os horizontes de nossa escola bendita.

---

[4] Mateus,6:21.

capítulo 20

NOVAS POSSIBILIDADES

Podemos notar as condições favoráveis de mudanças trazendo o efeito extraordinário de as coisas se assentarem e se mostrarem mais harmonizadas. Essa mudança não aparece de forma expressiva e materializada no mundo físico, mas é real.

Cada espírito que vive no orbe hoje terá de definir em que condições desejam viver daqui para frente, propondo-se a crescer com o mundo ou continuar a luta de refinamento em outra escola de almas com funções educadoras diferentes das que a Terra oferecerá.

No plano espiritual tudo se abre de forma extraordinária e se assim ocorre aqui, assim será para a esfera física, com a vantagem de que o tempo necessário para um fato da nossa realidade se materializar no campo físico está diminuindo, fazendo com que nossas conquistas alcancem a Terra numa velocidade maior, numa dinâmica de movimentação mais intensa.

As linhas que separam nossas realidades tendem a diminuir cada vez mais, criando um processo de sintonia perfeita, de tal modo que o ritmo de uma afete o da outra, simultaneamente. O trabalho de desenvolvimento e abertura da mente humana, atuando como uma antena de captura, aumentou as possibilidades para que isso ocorra e, com a substituição das gerações de espíritos trazendo novos valores, facilitará para que esse intercâmbio se efetive.

Os contatos com a esfera espiritual e com os seres de outros planetas se intensificará, pois é um objetivo único entre todos para consolidar essa nova fase de crescimento.

Clarêncio e eu participávamos de todos os detalhes do processo de limpeza espiritual que nos era possível acompanhar. O trabalho organizado na esfera de ação de nossa colônia, mais próxima da Terra, está sob a coordenação dos espíritos mais elevados que têm sua consciência desperta e que sabem o que devem fazer quanto à regeneração e à limpeza espiritual.

Já a maioria dos encarnados e alguns desencarnados em posição mais inferiorizada não compreendem claramente o processo. Ou esperam que a mudança ocorra magicamente ou acabam por cooperar inconscientemente para o mesmo objetivo por meio da sua espiritualização nos campos religiosos estabelecidos no orbe.

Em contrapartida, podemos observar que, em muitas escolas de educação espiritual, já se fala muito a respeito do assunto de forma clara e objetiva, não só no Espiritismo ou Espiritualismo, mas em muitos campos filosófico-religiosos por meio da ação de muitos missionários encarnados atualmente no mundo, que trazem o assunto e as propostas de renovação e cooperação com as mudanças.

O certo é que, cada vez mais, a expectativa de substituição dos valores humanos e o fechamento cíclico de evolução são debatidos de forma ampla.

Conversando sobre esse assunto, Clarêncio nos completou os raciocínios:

– Como você pode ver, os projetos que se efetivam em nossos planos germinam na Terra como as sementes que caem sobre terreno fértil e já preparado ao longo do tempo. As experiências coletivas começam a dar as primeiras respostas de desenvolvimento para que no amanhã se transformem em frutos nas conquistas evolutivas organizadas pelo Jardineiro Divino. Como Seus auxiliares diretos, veremos esse jardim-pomar enriquecido de belezas e produção no bem.

As novas propostas de vida, como nuances da Verdade, criam necessidades a serem desenvolvidas e ao mesmo tempo vêm acompanhadas do apoio dos espíritos encarregados de fixá-las na humanidade. Elas surgem em decorrência natural do merecimento evolutivo.

Os contatos com as esferas espirituais superiores se intensificam e as possibilidades de intercâmbio com irmãos de outros orbes, como já acontecem aqui no plano espiritual, devem ocorrer junto ao homem terrestre a fim de dar uma nova dinâmica evolutiva, uma vez que se candidatam à posição de seres interplanetários e depois universais.

Muitas etapas se desdobram para nós nesse plano da vida, pois temos que nos desenvolver e isso não será diferente para o homem encarnado.

As esferas superiores vêm abrindo oportunidades de aprimoramento de acordo com a forma com que nos entregamos ao trabalho sob nossas responsabilidades. Esse fato reflete a mensagem evangélica que diz: "a quem muito é dado, mais se é pedido".[1] Essa dinâmica significa que à medida que nos empenhamos, mais recebemos em recursos de crescimento.

Assim também está escrito na Parábola dos Talentos[2], na qual o homem que investiu os cinco talentos e conseguiu conquistar mais cinco ganhou o talento daquele que não soube multiplicar o único que havia recebido.

---

1 Lucas,12:48.
2 Mateus, 25:14-30.

Na fase de transformação que estamos passando, tudo solicita de nós mais trabalho e dedicação, mas os resultados nos surpreendem e ampliam a conquista de valores e crescimento espiritual. Na esfera material não é diferente, pois esses mesmos desafios mostram para o homem os benefícios e as possibilidades de crescimento que esperam por eles. Mas esses valores só serão evidenciados quando os princípios morais que eles trazem em si mesmos mudarem.

Enquanto os ideais humanos forem baseados na carga negativa de seus sentimentos, eles não conseguirão contemplar os aspectos grandiosos que estão por trás de todos os seres, acontecimentos e coisas. É o que podemos esperar quando as qualidades superiores forem o pano de fundo de suas buscas.

Nesse padrão, a amplitude das possibilidades se desdobra ao infinito, criando uma postura ideal que fará com que as coisas caminhem em ritmo adequado e elevado, de acordo com a maneira com que atuamos.

O certo é que a negatividade, as sombras do mal, as insinuações das trevas e da ignorância estão com os dias contados em sua movimentação sobre o mundo e seus habitantes.

Após esses esclarecimentos, entregamo-nos aos afazeres que fomos chamados a contribuir, tentando assumir a posição sincera de servos do Senhor, cumprindo Suas determinações para vermos nossa morada melhorada e mais equilibrada dentro da harmonia universal.

capítulo 21

VALORES REAIS

Em quase todos os locais do planeta os trabalhos de limpeza astral continuam intensos nesses dias conturbados, sejam eles no plano espiritual inferior ou no plano físico, onde a desordem, os problemas e as necessidades de mudança acentuam-se para todos e onde cada qual é chamado a refletir no ângulo exato da sua deficiência moral que mais precisa ser retificada.

Estamos vendo o quanto o Brasil tem sofrido nesses momentos de renovação moral, principalmente porque, para o olhar da maioria, tudo parece estar perdido, sem sentido e onde as repercussões do mal, da mentira, da violência, dos desequilíbrios mais absurdos, da exploração, da ausência de valores e da corrupção parecem eliminar todas as possibilidades de melhoria.

Refletia sobre esse tema, tentando entender o que essa realidade tinha a ver com a condição estabelecida pelo Cristo de que nossa nação é a pátria do Evangelho e carrega como símbolo o coração do mundo. Como avaliar essa situação desequilibrada e sofrida com relação a essa perspectiva espiritual?

Em meio aos nossos trabalhos, Clarêncio abordou alguns comentários a esse respeito:

– As necessidades de renovação que o mundo pede dizem respeito a todos os seus habitantes, indiferente da posição e das condições em que nos encontramos. É necessário refletirmos a forma de viver do Cristo quando de Sua passagem pelo planeta, adotando os padrões da renúncia, da humildade e da capacidade de servir aos propósitos do Criador, acima de tudo.

A falta de reconhecimento do Brasil como uma grande potência detentora de conquistas tecnológicas e infraestrutura de primeira linha, capaz de oferecer o bem-estar físico, social e econômico que os homens procuram e valorizam como grandeza de um povo, não constam como objetivos principais do país, pois sua missão primordial é se destacar pelos valores de Jesus, que se fundamentam nas características da realidade do espírito imortal e das virtudes morais. Isso não quer dizer que o Brasil não alcançará estabilidade nessas outras áreas, só que ele não buscará a primazia nesses setores num primeiro momento.

Um dia, essas conquistas farão parte da vida de todos os seres sobre a Terra, mas esses recursos devem estar submetidos às condições de elevação interior em primeiro lugar.

São para os bens de ordem espiritual que essa nação deve se voltar, se quisermos assumir a condição de coração do mundo.

Por isso mesmo o país está passando por situações muito próximas das que o Cristo viveu. Se avaliarmos bem, Ele preferiu nascer numa condição limitada e pobre; escolheu ser sábio para ignorantes e sem valor intelectual externamente falando; procurou os doentes, os fracos e os simples para serem seus seguidores e foi colocado na posição de um criminoso e crucificado entre dois ladrões diante dos grandes homens de Roma e da Judeia.

Os tempos que estamos vendo no mundo atual têm as mesmas características, principalmente no Brasil.

Precisamos transitar pelo caminho do Gólgota[1] carregando a cruz de nossos compromissos morais e crucificar, de uma vez por todas, a nossa inferioridade para ressurgirmos com os valores da imortalidade, manifestando o amor com que Ele se apresentou para todos nós.

Não devemos esperar por facilidades exteriores que ainda não merecemos ter, nem por condições especiais que distorcem a grandeza do espírito aos olhos de Deus.

Esses momentos turbulentos são os sinais de que as coisas estão mudando e cada um deverá escolher qual o comportamento a assumir: se o de permanecer nas ilusões de que os interesses puramente materiais trazem felicidade ou seguir os caminhos simples que o espírito escolhe para se libertar das amarras com o passado de erros obscuros.

Antes, as mesmas deficiências – como, por exemplo, a corrupção, – surgiam e aconteciam na sombra ou ocultamente. Elas precisavam ser renovadas, mas como não vinham à tona para ser trabalhadas, foram mantidas como conduta admissível.

Agora, com a claridade do Sol espiritual que se aproxima, a necessidade de retificar e reajustar essas condutas se destaca, convidando-nos para nos sintonizarmos com a harmonia e a paz que nasce do coração de nosso Pai para todo o Universo.

Não nos enganemos com a posição de uma falsa vitória que tem as características de aparências exteriores, mas,

---

[1] Gólgota é o nome dado à colina na qual Jesus foi crucificado e que, na época do Cristo, ficava fora da cidade de Jerusalém.

sim, abramo-nos à humildade e ao amor que representam a manifestação de como Deus atua em favor de todos os Seus.

Com aquelas reflexões, tomei contato com as minhas próprias necessidades de mudar a condição com que queria me mostrar aos meus semelhantes e que tipo de valor adotaria para expressar quem sou: com ou sem Jesus.

capítulo 22

CRIAÇÃO

A limpeza espiritual do planeta aumentará cada vez mais até que o clima espiritual esteja menos influenciado pela carga das energias inferiores que produzimos. Somos os maiores responsáveis pela qualidade do padrão evolutivo no qual a maioria se encontra.

Refletindo sobre o efeito que isso teria, procurei Clarêncio para clarear a minha visão quanto ao futuro que nos aguardava.

Como sempre, o amigo veio em meu socorro com seus conhecimentos:

— Cada espírito é um centro vivo de criação a refletir Deus e, como tal, é o responsável direto por todas as coisas que acontecem no Universo.

As expressões extraordinárias dos sistemas galácticos deixam-nos vislumbrar apenas uma expressão diminuta da grandeza da criação divina. Essa pequena porção toca mais diretamente aos sentidos dos encarnados e das aparelhagens sofisticadas da atualidade.

Considere, porém, que muito pouco se fala das dimensões mais sutis da vida, onde mundos, sóis, sistemas e galáxias existem em natureza imaterial e semimaterial, nem se cogitando de suas existências. Só agora se começa a entrar em contato com o oceano fluídico que envolve as partículas da matéria densa, descobrindo nuances de um universo pluridimensional e cheio de mistérios para sua inteligência em fase inicial de despertar.

No entanto, para que possam se apossar desses valores e recursos novos, o preço mínimo que precisam pagar é o de assumir responsabilidades e ter comprometimento com o trabalho de manutenção da vida universal em sua harmonia superior, almejando empreendimentos de natureza cada vez mais espiritualizantes.

Precisamos colocar nossa qualidade cocriadora na direção do bem, única expressão capaz de produzir harmonia e paz na dinâmica funcional do amor que é o fundo de tudo.

Até agora, quase tudo que criamos é uma distorção da nossa capacidade infinita de manipular a força nervosa de Deus.

Imprescindível mudarmos vertiginosamente essa possibilidade criadora a fim de nos aproximarmos da unigenitura que Jesus já desenvolveu e buscarmos a herança divina a que todos temos direito como Seus filhos autênticos.

A ação saneadora que estamos ajudando a realizar atuará em todos que ainda querem enganar a si mesmos e aos outros, definindo em que condições poderão direcionar suas trajetórias evolutivas. Essa atuação se manifestará por meio de convites para participar de atividades espirituais, para atuação no bem, por perdas inesperadas, enfermidades, cataclismos e toda sorte de alertas que se fizerem necessários para o despertamento das criaturas quanto à renovação espiritual.

O ser – agente de criação – encontrará o efeito de suas escolhas que definem os resultados de sua busca e movimentação.

Aqueles que escolhem o mal acharão esse mesmo aspecto para si mesmos, bem como os iludidos encontrarão suas ilusões. Só acharão o bem, o trabalho retificador e a transformação moral aqueles que se empenharem, de alguma forma, nessa direção.

Isso está bem claro na passagem do Evangelho que mostra a colheita como consequência do que se plantou: "Porque cada árvore se conhece pelo seu próprio fruto; pois não se colhem figos dos espinheiros, nem se vindimam uvas dos abrolhos".[1] Por isso mesmo, precisamos ter consciência do que estamos fazendo.

Procuremos o bem para nossas vidas, ajudemos nos trabalhos regeneradores determinados pelo Cristo e sirvamos sempre que pudermos, pois nesses momentos de lutas gigantescas o fundo ideal de criação que podemos projetar de nós não poderá ser outro.

---

1 Lucas, 6:44.

capítulo 23

ASSUNTO EM VOGA

Fui convidado por Clarêncio a participar de um encontro promovido por nossos irmãos encarnados em terras brasileiras sobre Regeneração e Transição Planetária.

Ao mesmo tempo, aquele evento se desdobraria em nosso plano para que o mesmo tema fosse abordado pela Espiritualidade Maior, no intuito de abrir ainda mais a intuição e o esclarecimento de nossos irmãos da esfera física. Através do desdobramento pelo sono eles poderiam participar dos nossos debates e fixar melhor as responsabilidades e a disposição perante os trabalhos renovadores.

Num dos dias do encontro, teríamos a visita de um irmão espiritual vinculado ao processo premonitório dos acontecimentos relativos à mudança de mundo de provas e expiações para o de regeneração.

Quando ele esteve encarnado entre os homens, as pessoas de seu tempo não compreenderam suas afirmações e avisos, pois muitas de suas observações estavam ligadas ao processo de transição vivido nos dias de hoje.

Um fato que já vinha me chamando a atenção é o número cada vez maior desses encontros realizados no plano físico, indiferentemente de serem espíritas ou não, abordando assuntos similares tais como ufologia, contatos com os extraterrestres, fins dos tempos, transição planetária, regeneração, entre outros, sempre presentes também em seminários, estudos, filmes, livros, histórias e discussões.

Clarêncio, percebendo minhas indagações íntimas, assim falou:

— Pois bem, André, não é para menos que esses sejam os temas desse período, até porque estamos passando pelo processo mais pesado e ativo dessas mudanças no qual é feito o levantamento do que precisa ser renovado. Todas as atitudes ilícitas, todos os erros, roubos e crimes que vinham sendo feitos de forma camuflada e oculta estão se evidenciando aos olhos da sociedade e apontam para as mudanças de comportamento e valores humanos que precisam ser modificados, como a violência, a guerra, a corrupção, os preconceitos de toda ordem, a discriminação racial, o separativismo das nações, das crenças, das instituições e dos interesses individuais. De igual modo temos as questões da exploração dos bens terrenos, a fome e a alimentação abusiva, a escassez e o desperdício dos recursos, a corrida enlouquecida pela posse dos bens em prejuízo dos valores morais e da ética.

Todos esses aspectos têm chamado a atenção da humanidade para entendermos que a paz e as conquistas verdadeiras não surgirão somente de um anseio idealístico e sim no campo prático da vida, onde as mudanças se efetivam de forma concreta.

A supremacia do egoísmo e do orgulho tem sido a marca das atividades dos homens sustentando o materialismo ilusório. Tudo isso deve ser banido para que a espiritualidade surja como busca primordial, trazendo o desdobramento de seus valores fundamentados no amor como único meio de fazer as criaturas felizes.

Jesus já fez a parte Dele vindo à Terra e exemplificando essa verdade, recebendo como recompensa uma crucificação que Ele deixaria como símbolo da imortalidade espiritual ao se constatar seu túmulo vazio e a sua ressurreição factual.

Os espíritos do Senhor também estão cumprindo a sua parte, revelando a realidade imortal e fazendo a mudança de modelo no comportamento das criaturas para que a caridade e o auxílio ao semelhante diminuam o sofrimento e, através da imortalidade da alma, deem uma conotação positiva à morte que passa a ter o sentido da continuidade.

Agora, atuamos de uma forma mais sutil junto à humanidade a fim de que se sustentem no comportamento renovado e operante no bem e alicercem esses parâmetros dessa renovação no próprio coração.

Se as lutas estão pesadas é para que a força interior as sobreponha.

Se as trevas parecem tomar conta é para que acendamos a própria luz e nos transformemos em faróis de claridade em meio à vida escura daqueles que se encontram perdidos, precisando de sinalização para alcançar o porto seguro do trabalho no bem e no exemplo superior.

Somente com posicionamento íntimo demonstraremos virtudes que regerão comportamentos conscientes e dignos de serem seguidos.

Olhe que não estamos falando de ações de grande impacto, mas, sim, dos pequenos grãos de mostarda[1] transformados em gestos éticos que conseguem transpor as montanhas das dificuldades que impedem a harmonia da vida.

---

1 Mateus, 17:20.

Por isso mesmo que os assuntos não poderiam ser outros. Anunciam a aproximação mais intensa de acontecimentos na vida planetária que afetarão o destino da humanidade e do planeta para sempre.

Assim silenciando, seguimos em direção ao encontro que esclareceria não só aos encarnados, mas a mim também sobre esse tema do momento.

capítulo 24

REFLEXÕES SOBRE A VISÃO DO FUTURO

No plano espiritual, o estudo seria feito em plena madrugada para favorecer a presença de nossos irmãos encarnados, que compareciam durante o desdobramento pelo sono físico. Essa providência proporcionava mais amplo aproveitamento do conteúdo e uma fixação mental eficaz.

Estavam todos acomodados em assembleia distinta. A maioria dos trabalhadores atuantes, dos dois planos, estava ali e contávamos também com a presença de irmãos de diversas agremiações religiosas e espiritualistas que poderiam aproveitar melhor o tema abordado.

Após entoarem um hino de sublimada beleza, o companheiro responsável pela abertura dos trabalhos fez uma oração comovida que tocou nossos corações e deu a palavra livre para aquele que traria as reflexões da madrugada.

O palestrante portava um olhar profundo, destacando-se pela simplicidade, condição natural dos trabalhadores em nosso plano.

Clarêncio me disse se tratar do espírito que teve, como uma de suas reencarnações passadas, a personalidade de Nostradamus, o médium das revelações futuristas e prenunciadoras.

Ficamos silenciosos e atentos, pois havia grande expectativa quanto ao que ele tinha a dizer.

Com tranquilidade e numa expressão de inteligência vivaz a exalar de sua postura, iniciou sua fala:

— Em todas as épocas da humanidade terrena as criaturas buscaram entender a vida e, quando começaram a especular o que o futuro lhes reservava, se abriram as portas do desenvolvimento das capacidades investigativas para romper as linhas demarcadoras do tempo e dos acontecimentos.

Daí despontaram os primeiros sensitivos captadores das ocorrências que estariam vinculadas à maneira como o ser e as coletividades sofreriam as consequências de suas escolhas, dentro da lei de causa e efeito, representando as colheitas vivas de suas ações.

Premonições, clarividências e palpites surgiam ali e acolá, demonstrando a esteira de responsabilidades dos que possuem o livre-arbítrio em suas vidas.

Como os profetas do passado, pude projetar para o futuro as perspectivas da colheita que todos nós herdaríamos em decorrência de nossas escolhas e comportamentos desde aquela época.

Tive um conjunto de visões difíceis de serem interpretadas ou compreendidas, por traduzirem experiências sem algo em comum com o que estávamos vivendo em nossa época, mas que no fundo refletiam os mesmos acontecimentos vividos em outros orbes que já tinham passado pelas limpezas espirituais ou exílios.

Hoje, a Terra repete o ciclo de experiências desse mesmo processo de evolução, apresentando as mesmas tendências egoísticas que precisam ser modificadas, tanto quanto as mesmas emoções que comandam o comportamento da maioria dos espíritos que passa por aquele estágio de desenvolvimento.

Isso mostra que esses fatos rompem a barreira do tempo e do espaço, unificando as mesmas experiências numa só, modificadas apenas em detalhes insignificantes.

Todas essas ocorrências trazem uma lição de saturação dos valores que precisam ficar para trás e de outros que deveriam se alicerçar no rumo de novas conquistas.

Quanto mais inferior e próxima da condição material for a expressão evolutiva, mais a vida repete as experiências, num trabalho de fixação de valores com características no automatismo físico e psíquico, naquilo que comumente deram o nome de inconsciente coletivo[1] ou arquétipos energéticos, os quais fundamentam a história dos espíritos em determinada fase e dentro de uma feição quase que como universal.

Quando a caminhada segue em direção oposta e a predominância do espírito vence as resistências da vida material, em direção do potencial divino, as novas experiências no desdobramento da criatividade e da beleza se abrem mais amplamente, retratando a grandeza da Criação.

Quando observamos os registros em *As profecias ou As centúrias*[2], nada mais temos do que os traços de mudanças que deveriam acontecer, principalmente na intimidade do ser em busca da sua identificação com a realidade espiritual, aspectos esses que influenciariam e transformariam as expressões da matéria.

---

[1] Inconsciente Coletivo, segundo o conceito de Psicologia Analítica, criado pelo psiquiatra suíço Carl Gustav Jung, é a camada e as forças mais profundas da psique. (Nota do Médium)

[2] As Centúrias são profecias de Nostradamus (1503-1566) que ele começou a escrever em 1554. São constituídas por dez conjuntos de versos, cada um contendo cem quadras (rimas em quatro linhas), totalizando mil previsões, que não seguem uma ordem cronológica. A primeira parte foi publicada em 1555 e a segunda parte em 1557, em seu livro As profecias. Existe uma terceira parte que ele não publicou em vida e são edições póstumas, de origem não comprovada. Tentar decifrar o que ele previu nesse documento é muito difícil, principalmente porque há ambivalência e abordagens místicas nas quadras.

Quantas coisas se transformaram no mundo físico pelo simples fato de o homem mudar sua forma de pensar e valorizar aspectos que antes não tinham valor?

Quantas marcas históricas existem deixadas para trás em razão dos interesses de homens poderosos e de grupos?

Como, numa época tão primitiva, como a do Egito, se abriu espaço para um desenvolvimento tão expressivo a retratar fatores tecnológicos e intelectuais que deram guinadas de crescimento social?

E como esses fatos importantes impactaram os seres envolvidos neles e para aqueles que os estudariam no futuro?

Essas ocorrências têm o mesmo caráter das profecias futuristas.

No fundo, a mudança mais efetiva que todos precisamos fazer é a de natureza espiritual. Com ela os aspectos externos se ajustarão à sua harmonia, gerando o equilíbrio nos campos da sutilidade e sublimação de tudo.

Enquanto se especula sobre o entendimento e as interpretações das profecias para os aspectos superficiais da vida exterior, pouca coisa se entenderá de seu significado real.

A compreensão das profecias precisa ser integrada à órbita do espírito imortal e tem a ver com sua natureza, com a intimidade do ser. Visa a promover o desdobramento dos potenciais do espírito.

A verdadeira alquimia das visões futuristas se encontra direcionada à vida interior de cada um de nós.

Trazemos depositados em nós os gérmens elevados, herança da paternidade do Criador. Qual a amplitude desses recursos divinos?

Prendermo-nos em fatos externos cheios de medo e anseios perturbadores é desvirtuar a claridade do campo que traz em si as forças capazes de modificar a natureza das coisas e ampliar a capacidade de criar que há em cada um.

Minhas profecias não falam de ocorrências superficiais, mas, sim, das necessidades essenciais e educativas para que o espírito eterno reflita a beleza da Mente Divina.

Os acontecimentos fenomenais da criação, do Universo, da realidade espiritual, de Deus, são a essência dos livros sagrados que, em todas as humanidades, procuram traduzir essas verdades em formas de escrituras, objetivando a orientação daqueles que ainda não podem compreender a Sabedoria que se encontra em todos os lugares.

Apresentar capacidades de percepção do que está para acontecer no futuro, fora de um propósito superior de desenvolvimento, é alimentar a curiosidade doentia daqueles que esperam receber de fora aquilo que precisariam realizar por dentro.

O único grande mistério que precisamos encontrar como a predição irrevogável para o futuro de todos os seres que vivem no Universo é o amor.

O nobre expositor se calou, dando a entender que a introdução reflexiva do tema estava encerrada, deixando aberta a segunda parte dos trabalhos com base em perguntas que refletiam o anseio geral e seriam sintetizadas por alguns irmãos da espiritualidade que estavam ali com essa função. Havia também algumas questões trazidas antecipadamente pela equipe de espíritos que organizaram aquela reunião sublime.

capítulo 25

PERGUNTAS E RESPOSTAS

Aberta a segunda parte dos trabalhos, ficou programada a leitura das perguntas para que nosso instrutor pudesse dar mais alguns esclarecimentos.

A primeira pergunta logo foi apresentada:

— Qual seria a finalidade mais expressiva do dom de profetizar sobre o futuro para os que o possuem?

Nostradamus olhou a assistência com carinho e começou a falar:

— Não me sinto uma autoridade sobre o assunto, mesmo tendo a possibilidade de prever acontecimentos ligados ao futuro. Mas hoje, o que posso entender quanto aos dons da visão futurista é que eles expressam a presença de Deus em Sua ação providencial, deixando evidente o bem e o amor como fundo dessas percepções, já que essas forças são a base de tudo o que acontece e acontecerá.

Após aquela resposta, pequeno intervalo de silêncio antecedeu a segunda pergunta:

— Algumas de suas predições estavam decifrando fatos e ocorrências que marcaram a história humana até a atualidade. Será que algumas delas falam do processo de mudança que a Terra está passando?

— Muitas das minhas visões estavam ligadas às mudanças que ocorreriam ao longo da evolução como reflexo do que ocorria dentro da intimidade do ser naquela época, de acordo com seu potencial de inteligência e interesses. Estes afetariam em muito a história da humanidade em seu aspecto exterior.

Entre esses fatos existe a perspectiva de que o homem material abra espaço para o homem espiritual, estágio esse que marca a transição da Terra de um mundo de provas e expiações para a categoria de mundos espiritualizados, a começar com o de Regeneração.

Notei que os esclarecimentos causaram efeito positivo na assembleia, que se permitiu breve momento de comentários feitos ao pé de ouvido. Logo após, a terceira pergunta foi apresentada:

— Podemos ver em suas previsões a primeira e a segunda grande guerra da história terrestre. O que pode nos dizer da possibilidade de ocorrer uma terceira?

— Baseados na imortalidade, não podemos deixar de enxergar a bondade de Deus e a ação de Jesus, Seu representante mais decidido, nas tomadas de decisão sobre o futuro do nosso planeta.

Entretanto, também encontramos a responsabilidade dos espíritos terrestres com sua parcela de influência dentro da vida. Em nossa ânsia de viver e buscar as experiências, procuramos sair da animalidade para os domínios da humanidade. Essas lutas refletem o comportamento individual e coletivo, demonstrando o domínio da força bruta sobre o bom-senso e o respeito, valores estes que já começam a se desdobrar ao futuro relacional com base na fraternidade.

A guerra é um efeito da distorção de percepção dos seres que há bem pouco tempo se sentiam diferentes uns dos outros e separados entre si, tomando por base nacionalidades e interesses raciais.

As duas grandes guerras surgiram porque existiu um ápice desses sentimentos de superioridade em proporções intensas e um grau muito grande de ignorância. Hoje, percebemos um grande contingente de seres que conseguem se ligar uns aos outros num sentimento profundo de solidariedade; dessa forma, torna-se mais difícil ocorrer uma grande guerra, uma vez que ela não possui sustentação mental por parte da maioria das criaturas.

Com a efetivação da realidade espiritual se desenvolve, aos poucos, uma ligação entre as criaturas como irmãs em humanidade, já que, diante da presença de um único Pai, os motivos de separatividade e de diferenças diminuem, harmonizando os relacionamentos nos princípios da fraternidade.

Por isso mesmo, não posso crer que minhas profecias possam ser interpretadas como a previsão de uma guerra de proporções tão devastadoras como essa, mas, sim, uma grande guerra na intimidade de todos nós para que a natureza espiritual se desenvolva e vença as impressões da realidade material e para que a era do espírito surja em definitivo em nosso planeta.

O roteiro de perguntas seguiu, mas como o objetivo é informar nossos irmãos encarnados, já tínhamos anotado esclarecimentos suficientes para nosso aprendizado.

capítulo 26

REFLEXÕES ÍNTIMAS

Os trabalhos continuam "de vento em popa", na expressão popular tão usada no plano físico.

O intuito da Espiritualidade Maior é o de efetivar as transformações do mundo, num primeiro momento, por meio da limpeza da sujeira astral que ainda se encontra em todos os lugares da Terra, retratando a inferioridade que o ser alimenta em si mesmo e desfigurando a possibilidade de uma vida elevada e harmoniosa.

Esse trabalho perseverante será alcançado pela autoeducação, uma vez que só conseguiremos dar nossa contribuição nessa limpeza se começarmos pela nossa própria sujeira íntima, produzida por nossos automatismos do passado e anseios ilusórios de poder, de grandezas, de aquisição e controle de bens e pessoas. Esses patrimônios e os irmãos de caminhada pedem respeito e compreensão, amor e entendimento a fim de darmos a cada um aquilo de que precisam e o que podemos ofertar.

Nessa dinâmica não podemos acreditar que somos nada e nos colocarmos na posição de impossibilidade de algo fazer pelas mudanças e em benefício da Terra. Esse quadro de perturbação é mais fruto da divulgação distorcida da mídia e também da falta de destaque para o bem que já existe. Esse desequilíbrio sempre esteve presente como condição evolutiva em que a nossa maioria se encontra. E olhando mais detidamente para o passado, o quadro era ainda pior porque éramos mais animalizados e sintonizados mais facilmente com a realidade material.

É importante que os que se acham despertos à realidade espiritual abracem o ideal do bem na própria vida e se esforcem para que esse perfume seja espargido na atmosfera de seus semelhantes e toquem a sensibilidade das pessoas com quem convivem.

Quando vemos o número de espíritos envolvidos nas experiências de nosso planeta, já encontramos muitos deles mais sensíveis, com anseios de espiritualidade e religiosidade, buscando a solução dos problemas de ordem geral para alcançar o bem-estar, a saúde, com amplo grau de inteligência aplicada no bem e nos sentimentos nobres.

A visão mais pessimista surge porque diante do mal ainda nos vemos refletidos em nosso passado, sem entender que o comportamento de alguns de nossos irmãos perturbados e inferiores são um pedido de ajuda e que o auxílio possível será dado através do exemplo, da dedicação ao bem, pelas palavras esclarecedoras, pelo silêncio diante das palavras desequilibradas e até pela falta de reação quando o mal assim nos convocar a reagir.

Mesmo apresentando nossas limitações e condicionamentos, podemos refletir a postura de Jesus, em alguns momentos, com pequenas atitudes que conseguem superar o fundo automático das emoções que surgem como respostas imediatas aos estímulos externos.

Ao adotarmos essas novas posturas, provocamos a mudança de direção no uso de nossas energias para alcançar a vitória sobre nossas tendências infelizes e conquistar palmo a palmo novos valores. Assim, nós nos transformamos em mensageiros da bondade e atuamos como prepostos de Jesus e de seus mensageiros, os quais servem de exemplos e de referência de auxílio.

Somos uma gota dentro do oceano que age na totalidade, oriunda da mente de nosso Pai.

capítulo 27

SENSIBILIDADE SUPERIOR

Ao realizarmos o resgate de um grande grupo de espíritos para o exílio espiritual, encontramos expressiva quantidade em sono profundo, induzido pelos amigos da espiritualidade a fim de prepará-los para fazer a viagem ao outro orbe nesse estado de inconsciência.

Outros se encontravam despertos, mas apresentavam um estado de desespero e espanto, angústia e desolação, por terem de sair da Terra a contragosto. Sabiam que o degredo era consequência de se inclinarem sempre ao mal, prejudicando os semelhantes sem hesitação. Tinham consciência das oportunidades de renovação tantas vezes perdidas, nas quais nunca aceitaram a oportunidade de fazer o bem.

Para entender o quadro de inferioridade moral que apresentavam, ali estavam criminosos da mais expressiva brutalidade, que não pensariam duas vezes em passar por cima da vida alheia para aproveitar as possibilidades em ganho pessoal, usurpadores do bem geral, traficantes, aliciadores de crianças e jovens, espíritos que cometeram erros gravíssimos.

Mesmo assim, ao observá-los, orávamos por eles e até chegávamos a perguntar mentalmente se não existia alguma possibilidade de auxiliá-los mais diretamente na perspectiva de ficarem no planeta e mudarem de vida.

Como que lendo meus pensamentos, Clarêncio, que estava ao meu lado, falou:

— Sabemos o quanto dói em nossos corações ver esses irmãos sendo levados dessa forma para a mudança de orbes, principalmente em condições de tamponamento mental. Não compreendemos a ação misericordiosa da Providência Divina que age a favor de tudo e de todos.

Isso faz com que nos entreguemos a esses sentimentos de pesar tão comuns ao nosso estágio evolutivo, nutrindo intenções imediatistas de auxílio sem uma visão mais profunda e ampla das oportunidades que os aguardam, sentindo como se eles estivessem sendo levados a um campo de sofrimento e punição.

A bondade celeste não faz nada de errado no contexto da vida e tudo determina para a felicidade dos seus filhos.

Incapazes de ver como a Inteligência Superior age no Universo e na limitação de nossa capacidade de amar infinitamente, nós restringimos nossa visão quanto à amplitude dos acontecimentos. Alimentamos em nós essas sensações mais superficiais que, apesar de serem nobres e boas, têm características de apego que alimentam uma perspectiva de salvação extrema.

Tudo isso porque não temos também uma ideia clara das condições dos espíritos de natureza crística que apresentam uma compreensão mais abrangente e que ultrapassa em muito nosso entendimento das coisas. E olha que estamos falando de nós mesmos, que nos achamos aqui nos planos espirituais relativamente superiores.

Tudo segue um roteiro de movimentação perfeito e todos os seres, indiferentemente da posição evolutiva em que se encontram, são envolvidos por essa influência divina que traz em si o benefício do despertar dos valores espirituais, colocando cada um em harmonia com o próprio ritmo de crescimento.

Todos esses sentimentos são bonitos, mas ainda precisam de amadurecimento para, um dia, sentirmos o amor em sua real força de manifestação.

O rompimento dos elos que nos ligam a eles, de alguma forma, nos faz sentir que nossa condição é muito próxima das quais eles se encontram, pois já estivemos muitas vezes no mesmo lugar. Esses sentimentos de pesar pela partida deles podem ser interpretados, no fundo, como uma perda. Mas, para os espíritos superiores é apenas a dilatação do afeto que não se restringe ao espaço, ao lugar ou ao tempo, pois eles já conseguiram romper com essas condições transitórias ligadas à matéria e já conseguem amar numa dimensão profunda como o próprio Pai.

Tudo isso serve para ampliar a confiança na sabedoria do Pai e na possibilidade de amar sem limites os que conhecemos e os outros irmãos que possam surgir ao nosso lado, despertando-nos, de uma vez por todas, para o amor universal que constitui uma família que ultrapassa as marcas de nossas experiências até aqui vivenciadas.

Abramos nossa mente para esse desafio e cresçamos para criar a comunhão mais expressiva com o Amor Celestial que é a força que sustenta a criação.

capítulo 28

A QUEM MUITO É DADO

Há uma angustiosa indagação por parte de muitos companheiros do movimento espírita e outros espiritualistas de quando se dará o processo de transformação planetária. Ele já está sendo realizado e sua efetivação mais profunda requer um esforço coletivo por parte da maioria dos espíritos, nos dois planos da vida, somando ainda uma participação ativa de irmãos de outros orbes para que se consolide.

Nenhuma renovação desse nível se fará sem que suas etapas ocorram de forma satisfatória.

O trabalho se desdobrará para todos nós exigindo maior empenho e dedicação, mas a maioria das criaturas não faz a menor ideia do que lhes será pedido.

É claro que, em se comparando a condição de regeneração com a de prova e expiação, veremos que nesta o peso negativo dos pensamentos e emoções e o padrão vibratório da realidade material criam muitas dificuldades. Naquela, esses aspectos diminuirão gradativamente e não mais serão encontrados no mundo mais espiritualizado, mas, sim, ficarão à disposição para o desenvolvimento de novos valores.

O tributo de crescimento espiritual tem seu preço e nada é fácil para o despertar ascensional. Facilidade no mundo tem perspectivas de menor esforço e ganho sem mérito com características de protecionismo.

Compreendendo essas dificuldades, que já foram preocupações minhas, e buscando esclarecer melhor aos irmãos da caminhada, foi que busquei a orientação de Clarêncio.

Em sua sabedoria e experiência ele ampliou nosso entendimento:

– Você sabe, André, o quanto de dedicação, atenção e abnegação gastamos para consolidar alguns passos na direção de nosso desenvolvimento espiritual aqui em nosso plano de ação.

Você mesmo observou quanto empenho teve que aplicar para renunciar à personalidade superficial que trouxe condicionada pelas experiências físicas; para deixar para trás a tendência de somente ganhar, já que hoje sabemos que é dando que recebemos; para ser dos primeiros a querer fazer algo pelos outros na simples condição de servo de todos, para ser maior no reino dos céus; para abrir mão do personalismo ou da vaidade de querer ser o centro das atenções ou ser aquele que mais sabe; para demonstrar, em ações reais, o que faz no silêncio da vida retratando o Anonimato Divino que está por trás de tudo.

Esses atributos são as bases das transformações que ocorrem pelas portas dos corações. Ao adicionarmos a simplicidade e a sutilização da matéria, podemos ter uma visão simplificada do que aguarda a todos que querem que a Terra se renove.

Olhando para as conquistas que já realizamos aqui no plano espiritual, antevemos como o mundo físico melhorará em todos os níveis que envolvem a inteligência do ser em sua produtividade. Os benefícios que temos hoje em Nosso Lar são muito grandes para toda a comunidade de espíritos que vivem aqui.

Mas voltando ao tema central de suas reflexões, um fato que precisamos aceitar é o do benefício coletivo, sem alimentarmos os privilégios de uns em detrimento de outros. O único privilégio que deve existir, se assim podemos dizer, é o de realizar o trabalho de desenvolvimento pessoal que determina nossas conquistas evolutivas.

É claro que com a aplicação desses propósitos existirão ainda alguns resquícios da nossa inferioridade do passado, mas com a fixação do regime de regeneração ao longo do tempo e a posterior entrada na categoria dos mundos ditosos, essas diferenças diminuirão até não mais existirem.

Nessa etapa de desenvolvimento, saberemos o que vem a ser a felicidade de todos.

Quanto à expectativa de que algo ocorra para que o mal se retire de nossas paisagens para sempre e gere a sensação de libertação e alívio, isso é ainda parte da nossa ignorância com relação ao nível de transformação que devemos realizar dentro da própria intimidade e não no aspecto exterior.

Primeiro, trabalhemos em nossa educação pessoal para que esse mesmo mal não desgoverne nossa vida e, depois, em se tratando da saída dos nossos irmãos ignorantes ou resistentes ao bem, devemos ter bastante compaixão e não um sentimento de medo do que vai acontecer com eles, ou alívio como se a ausência deles nos mantivesse tranquilos e seguros do risco que o mal pode causar.

Veremos que todos nós temos, no mínimo, algum espírito com quem desenvolvemos um vínculo afetivo e que será deportado nas mesmas condições e, se queremos o melhor para nossos amores, esse sentimento deve ser alimentado para com todos os que partem, condição essa imprescindível para ter a felicidade de um dia vivermos como irmãos uns dos outros.

Por isso, não devemos entrar nessa especulação sem uma visão mais abrangente do preço a pagar para obter o crescimento do ser, lembrando mais uma vez da fala do Mestre quando disse que a quem muito é dado, mais se lhe será pedido.

capítulo 29

PROGRAMA DE RESGATE

Planejando um trabalho junto à crosta, Clarêncio organizou uma equipe de cinco companheiros: ele, dois espíritos que atuariam na condição de enfermeiras, eu e um irmão que foi sacerdote católico e que atuaria junto a velho afeto de nosso instrutor. Clarêncio recebeu a autorização de conduzir seu recolhimento e prepará-lo convenientemente para a viagem de exílio. Com a contribuição do nobre mentor, ele receberia um toque de sensibilização que o colocaria em melhores predisposições de acolher e aproveitar a experiência de deportação, sem tanta resistência às mudanças inadiáveis.

Nossas irmãs são Joanna e Lúcia e o nosso estimado companheiro é o Padre Germano, já bastante ajustado com a reencarnação, a imortalidade da alma, os planos espirituais e a mediunidade, pela qual até mesmo já contribuiu com obra de sua autoria[1] para o movimento espírita.

Seu magnetismo superior se manifestava no modo simples de ser e me atraiu naturalmente a seu coração. Com muita alegria trocamos informações como velhos conhecidos do passado.

Para que o grupo pudesse compreender a tarefa que se desdobraria, Clarêncio nos esclareceu:

— Meus estimados irmãos, eu agradeço pela presença de todos e rogo que Jesus, em Sua bondade, nos envolva nas bênçãos da paz e da harmonia.

Nosso trabalho será o de resgatar antigo amigo do meu coração que se enveredou na política humana desde a Roma Antiga e comprometeu-se profundamente com as distorções dessa área, criando caminhos complicados

---

[1] *Memórias do Padre Germano*, de Amália Domingo Soler – Editora FEB.

para si mesmo. Atraiu um grande número de inimigos nas artimanhas do poder e nas disputas por cargos e bens. Esqueceu-se de que esses recursos têm sua feição transitória e que, quando mal-empregados, criam mais malefícios do que benefícios. Essa ocupação levou-o ao declínio em que se encontra atualmente, mas apresenta relativa predisposição de renovação em função da colheita de sofrimentos pela qual já passou.

Ele se encontra apto a ser recolhido porque outras atividades de resgate foram realizadas por nosso plano, em parceria com um grupo de trabalhos mediúnicos, ao longo de várias semanas. Conseguiu-se resgatar expressivo número de espíritos de um núcleo das trevas no qual meu amigo estava prisioneiro.

Após as sucessivas intervenções, ainda resta um espírito que o mantém prisioneiro. Agora chegou a vez de ambos serem auxiliados.

Silenciando por alguns minutos para que pudéssemos assimilar as informações, concluiu:

— Depois de fugir do calabouço no qual estava entregue às mãos dos asseclas da falange, foi novamente capturado pelas mãos desse outro companheiro, que fora um religioso judeu, vítima de suas escolhas criminosas e que, provavelmente, foi um dos que mais sofreram.

Você, Germano, terá a incumbência mais direta na doutrinação desse nosso irmão que o mantém prisioneiro, enquanto André e eu realizaremos o amparo junto a ele.

Após alguns ajustes finais, volitamos em direção ao plano físico entrando nas esferas inferiores que ainda se encontram em sua profundidade em companhia da equipe mediúnica que nos auxiliava.

Chegamos a determinado local de difícil acesso com o auxílio de um guia das trevas que sempre colaborava com as equipes de nosso plano. Ele era um espírito resgatado anteriormente daquela região e que se dispôs a ajudar as equipes de resgate. Entramos em uma cidade em ruínas, como se ali tivesse acontecido uma guerra que deixou rastros de destruição. Estava vazia em função das intervenções espirituais realizadas ali sistematicamente.

Passamos por meio daquele caos em direção à periferia e encontramos uma gruta que estava iluminada por tochas de fogo ardente e forte que mais fazia arder os olhos do que iluminar. O ambiente exalava um cheiro nauseante. No meio da gruta encontramos os dois espíritos. Um deles estava preso por pesadas correntes de ferro que lhe feriam os braços e as pernas e o outro o puxava com violência, como se ele fosse um animal escravizado a um dono implacável na ação da maldade desmedida, que dizia:

— Você me paga, seu desgraçado! Você acreditou que sairia ileso da sua fantástica tentativa de fuga? Não sei quem eram aqueles que o aprisionaram, mas você acabou em minhas mãos, pois lhe sigo desde sempre e aguardo minha oportunidade. E eu me vingarei de você num sofrimento eterno! Fomos destinados pelos juízes das trevas a penar e sofrer para sempre!

— Irineu, você não vê a ilusão disso tudo? — falou o prisioneiro em gemidos e com a voz entrecortada.

– Cale-se, verme asqueroso e infame! Você não me convencerá com essa postura de sofrimento, que não acredito ser verdadeira vindo de um crápula como você!

Assim falando, puxou-o com mais força, provocando violenta queda e machucando-o ainda mais. Suas feridas se apresentavam por todo o corpo e ficavam à mostra sob sua túnica rasgada.

Nesse instante, sob o sinal de Clarêncio, a figura de Germano foi se materializando aos poucos através de suave luminosidade e surgiu junto deles.

capítulo 30

PRINCÍPIO LIBERTADOR

Estávamos todos concentrados e em oração quando Germano começou a falar com aquele que assumiu a posição de verdugo, mas carregava um sofrimento íntimo tão acentuado que procurava no ato de agredir e na vingança o alívio interior, numa tentativa vã de se sentir feliz vendo seu antigo algoz, hoje sua vítima, sofrer.

Sabemos que isso é ilusão e nunca o sofrimento de alguém apagará a dor que um dia sentimos ou trará alívio para as mágoas que carregamos.

Com a surpresa de ver a presença iluminada de Germano, Irineu gritou, mais em desespero do que em tom de agressão:

— Quem vem até aqui como sorrateiro ladrão ou desconhecido agressor criando essa emboscada infeliz e sórdida?

— Meu querido Irineu, onde está sua capacidade de ver, já que só enxerga trevas e distorções quando, na verdade, alguém lhe aparece para dar boas-vindas e esperanças para seu coração? Não trago comigo nenhuma intenção de ferir-te o coração sangrando de aflição ou roubar-lhe alguma coisa. Venho em nome de Jesus, nosso libertador, para poder livrá-lo do peso que carrega nos ombros e que se transformou numa cruz a ferir-lhe a alma.

Que é a vingança senão veneno amargo que tomamos pelas próprias mãos?

Abra seu coração e venha comigo. Os céus o aguardam, pois vejo no fundo de seu espírito uma luz emergindo e precisando extravasar.

Aquelas palavras eram ditas com intenso sentimento de carinho, acompanhadas por jorros de claridade fluídica que saíam do tórax de Germano em ondas energéticas poderosas que atingiam em cheio a cabeça daquele espírito.

Descompensado e paralisado por alguns instantes, Irineu fixou os olhos na figura daquele sacerdote de grande autoridade, fazendo-o se lembrar de que um dia almejou ter uma posição semelhante quando fora doutor da lei, séculos atrás.

Mais por resistência do que por vontade, argumentou:

— Não reconheço naquele Nazareno um de nossos profetas nem o eleito de nosso povo, que sempre teve em Moisés e nos profetas do passado os únicos representantes da nossa libertação. E no mais, não posso abrir mão da minha vingança, pela qual esperei séculos e sempre alimentei para atingir esse momento de concretização. Preciso fazer com que esse verme asqueroso sofra tudo o que me fez sofrer um dia, prendendo-me no fundo daquele calabouço escuro e prejudicando quem eu amava.

— Não vejo mais essas intenções como força sustentadora de seu coração. Mas encontro, sim, certo cansaço de seus propósitos inferiores e um tédio por ter alcançado o que queria e a dúvida de que se isso seria mesmo a melhor coisa a fazer. Você sente, no fundo, que nada disso lhe trará alívio ao coração.

Quanto ao Messias prometido, precisamos convir que mesmo os profetas já divulgavam Sua chegada com as mesmas características do nascimento e da vida de

Jesus que, com seus feitos inquestionáveis e extraordinários, inspirou nossos corações com novas perspectivas de viver religiosamente a vida.

E é em Seu nome que lhe estendo os braços para que encontre novamente os campos iluminados da fé e as vertentes de trabalho retificador, em novas paisagens, onde poderá retomar sua condição de sacerdote do bem e da verdade para o cumprimento da lei.

Novo fluxo luminoso jorrou de Germano e tocou-lhe a fronte. Ao impacto de tão poderosa vibração de amor, Irineu deixou cair de suas mãos as correntes que prendiam o romano. Dando alguns passos vacilantes, estendeu seus braços para Germano que o abrigou como se fosse uma criança, conduzindo-o para o Alto em busca de refazimento e redirecionamento espiritual no exílio que lhe abriria novos horizontes de trabalho e dedicação ao bem.

Ficamos ali diante daquele que, vendo-se liberto das aflições que estava vivendo, não sabia o que fazer, entregando-se apenas às lágrimas abundantes como a lavar o próprio coração.

capítulo 31

A CAMINHO DA LUZ

O drama que se desenrolava aos nossos olhos estava chegando ao fim. Clarêncio, que permanecia a nosso lado em profunda concentração, transfigurara-se em uma personalidade de grande poder na Roma Antiga.

O desolado prisioneiro de suas próprias ações, como a maioria de nós mesmos, estava espantado com a visão repentina, mas, reconhecendo nele a presença amiga, falou:

– Ó, velho amigo Crasso[1], só os deuses para me aliviar com sua presença o sofrimento contínuo!

– Rufus[2], a Sabedoria da Vida utiliza-se de muitos recursos para nos fazer refletir e crescer. Em nossos desvios milenares encontramos as bênçãos da sensibilização como providência sábia e justa que nos dá oportunidade de mudar nossas atitudes. Nossos deuses de pedra do passado, frios e sem compaixão, agem sobre nós sem nenhuma ação renovadora ou auxiliadora. São vazios e silenciosos como a sua própria constituição.

Você não observa a grandeza da vida e a beleza da criação? Não vê a Inteligência Sublime que rege todos os acontecimentos, desde as pequenas coisas até as manifestações das grandezas cósmicas? É hora de abrirmos os corações para acolher novos caminhos de luz aos nossos espíritos cansados da política sem escrúpulos e da luta inglória por um poder que, muitas vezes, está cheio

---

[1] Em pesquisa realizada em torno do nome Crasso, na Roma Antiga, encontramos: Marco Licínio Crasso (114–53 a.C.) foi um político da República Romana eleito cônsul por duas vezes, em 70 e 55 a.C.
[2] Em pesquisa realizada em torno do nome Rufus, na Roma Antiga, encontramos: Sérvio Sulpício Rufo (106–43 a.C.) foi um político da República Romana, eleito cônsul em 51 a.C. com Marco Cláudio Marcelo. Reconhecido como jurista, era amigo e correspondente de Cícero e de Trebácio, com quem estudou Retórica. Pertencia originalmente à tribo rural dos Lemônios. (N. E.)

de armadilhas e sofrimentos desapontadores, construindo relações superficiais e interesseiras.

Alguma coisa não lhe chama para os campos da humildade e da simplicidade de viver?

Nesse instante, Clarêncio o aconchegou nos braços, libertando-o das correntes que o prendiam. Mais calmo, ele falou comovido:

— Sinto-me mais leve a seu lado!

— Vamos, meu querido irmão, chegou a sua vez de encontrar a renovação moral.

— Crasso, preciso esquecer tudo o que fiz. Minhas opções não foram as melhores. Olhe essa vítima de minhas infelizes escolhas que agora foi levada por alma caridosa, atendendo a essa ação providencial de que falas.

— Não se preocupe, Rufus, suas estradas se cruzarão no futuro, pois precisamos desfazer nossos enganos pelas oportunidades benditas do amor.

— Não sei se serei capaz de assumir por agora tal atitude! Sinto-me frágil e doente.

— A vida lhe proporcionará novos recomeços e sempre existirão exemplos nobres e dignos de serem seguidos. No amanhã você encontrará tal estímulo e fará desses grandes modelos e guias o seu ideal de vitória espiritual.

— Fico feliz com essas possibilidades. Que essa esperança seja a sustentação de minha redenção.

Apoiado por Clarêncio e nosso grupo de auxílio espiritual, deixamos os irmãos da esfera física junto à equipe de trabalho de nosso plano que os supervisionava e levamos conosco aquele irmão a caminho da luz de sua renovação moral.

capítulo 32

TRABALHO INFINITO

O trabalho da limpeza espiritual da Terra estava sendo realizado por todas as colônias espirituais que envolvem o orbe e cada uma delas, em decorrência da sua condição evolutiva, auxiliava com características diferentes. Esse trabalho pede ações diferenciadas de acordo com o nível de cada plano espiritual.

Sobre esse tema e atendendo meu pedido, Clarêncio deixou mais claro o assunto, numa oportunidade em que estávamos em plena atividade de auxílio a companheiros resgatados:

— Em se tratando dos mundos espirituais[1] que circundam o Sistema Solar formando, dentro de sua perspectiva material sutil, o que chamamos de planos espirituais superiores, eles estão voltados ao desenvolvimento da Terra e dão suporte ao aprendizado de todos os espíritos diretamente ligados à sua evolução. Todos esses planos são planetas de dimensões vibratórias diferentes na multiplicidade de qualidades de orbes dentro desse Universo Infinito de manifestações e formas.

Nesse contexto, uma ação de auxílio saneadora torna-se de competência extraterrestre, se assim podemos classificar essas esferas fluidicamente diferentes do plano físico da Terra propriamente dito. Ainda está longe de a ciência humana poder catalogá-los como parte da família de mundos que estão dentro do sistema do qual ela faz parte, mas no futuro as criaturas humanas poderão compreender esses padrões diferentes de mundos.

---

1 A esfera astral onde a colônia Nosso Lar é apenas uma das muitas cidades que a compõe, forma um planeta espiritual. Esse mundo espiritual envolve e interpenetra o planeta Terra, contendo-o a nível astral e acompanhando-o em todos os seus movimentos em torno do Sol. Dessa forma, ele tem duas funções: em relação à Terra, ele é um plano espiritual e, em relação a si mesmo, é um planeta espiritual. Levando em consideração os planos espirituais em torno da Terra, podemos entender que existem mais seis mundos espirituais, até agora conhecidos, nessas mesmas condições de nosso entendimento. (Nota do Médium)

Assim, a ação de auxílio de cada um desses planos está ligada diretamente à qualidade de trabalhos com que buscam despertar os valores espirituais da humanidade terrena, adequados ao que podem oferecer. Apresentamos ainda uma capacidade limitada de receber e aproveitar esses recursos de crescimento a nível pessoal ou coletivo. Nossa capacidade de recepção aumentará à medida que nos dispusermos a doar mais, pois essa dinâmica de circulação de auxílio está vinculada ao princípio de amor ao próximo.

O ser e o seu próximo já se encontram vinculados naturalmente desde a criação quando se trata de conquistas e desenvolvimento de potencial divino sustentado pela influência direta com o próprio Pai que é a fonte de doação de tudo que nos chega.

Assim, espíritos de natureza muito elevada não estão preocupados com a limpeza mais exclusiva dos campos inferiores no fundo do planeta, pois trabalham sob a responsabilidade das equipes espirituais mais próximas da crosta e dos grupos mediúnicos em cooperação conjunta dos mundos espiritual e físico.

Esses nossos irmãos operam na limpeza de nossas distorções íntimas por meio das orientações que sempre nos ofereceram, das experiências vividas com eles nos planos espirituais, bem como com suas intervenções junto a nós. Essa ação atinge diretamente nossas imperfeições morais, habilitando-nos a mudar a natureza em volta de nós e, por meio de nosso comportamento, dar o exemplo para os nossos irmãos de caminhada.

Essa é a lei que atua no movimento simbolizado pela escada de Jacó em que espíritos descem no auxílio da retaguarda e favoreçam para que outros possam subir seus degraus rumo ao monte da elevação espiritual.

Acredito que, com essas reflexões, podemos perceber a dinâmica infinita da ação dos espíritos e as múltiplas necessidades que existem, proporcionando a todos a oportunidade de fazer algo na construção da harmonia geral. Nesse imenso campo de trabalhos todos encontraremos, ao longo de nossa caminhada de crescimento, a possibilidade de integrar os objetivos sagrados da vida.

Calou-se emocionado, como que contemplando esse campo de infinitas possibilidades de ação que nos inspira para a gloriosa trajetória dos trabalhos que todos devemos assumir um dia.

capítulo 33

UM ATÉ BREVE

Começava a contemplar horizontes novos para meu espírito, como também para nossos irmãos internados na esfera física, ampliando os limites estreitos estabelecidos pelas condições materiais e pela prisão aos anseios passageiros. Nossos destinos se ampliam para além da Terra e começamos a sentir a fraternidade muito além das fronteiras terrestres, podendo transformar-nos em cidadãos interplanetários, a um passo para sermos seres universais como muitos irmãos na vanguarda da evolução, como é o caso de Jesus.

Quanto aprendizado nos reserva essa amplitude? Quantos desafios e despertamentos precisariam ser feitos?

O homem terreno não está só no oceano infinito de mundos e moradias de espíritos. Ele é filho do Altíssimo, herdeiro de um potencial de inteligência e de capacidades para que o Bem possa se efetivar sempre mais, ligando-nos estreitamente com os objetivos superiores da vida.

Estava saudoso e ao mesmo tempo feliz. Na perspectiva da limpeza astral planetária e a esperança de ver a Jerusalém Renovada descrita no Apocalipse de João[1], a simbolizar os tempos de espiritualidade do orbe para atingir os planos celestiais do Universo.

Nesse estado de alma, fui informado pelo querido instrutor e amigo do coração que finalizaríamos, por algum tempo, essa etapa de escritas. Ficaríamos aguardando nova oportunidade de trazer aos nossos irmãos no plano físico a conclusão dessa trilogia que se refere ao futuro espiritual da Terra:

---

1 Apocalipse, 3:12.

— André, os horizontes do planeta começam a receber os raios luminosos dessa manhã em que o Sol, que é nosso Mestre, adentra e ilumina a consciência de todos que querem participar dessa alvorada de luz.

Os últimos ais e ranger de dentes ocorrem em todos os ângulos do planeta, acordando aqueles que ainda apresentam probabilidades de permanecer nessa casa abençoada de aprendizagem.

Muitos de nossos irmãos iludidos pela coroa dos prazeres materiais e das distorções de valores deixarão essa escola para se matricularem em outra mais apropriada para atendê-los no anseio educativo do espírito.

Para nós outros, resta a possibilidade de permanecermos ao lado de Jesus que nos convida para outra característica de vida.

Uma musicalidade divina influenciará seu movimento e o Maestro Sublime regerá o coro bem afinado para a subida da escala de valores e propósitos, aproximando-nos de nossa essência espiritual autêntica.

Deixemos a ampulheta das ocorrências seguir seu curso e, assim, voltaremos para a conclusão de nosso trabalho de parceria esclarecedora e motivadora aos operários sinceros do Cristo.

Ave Luz é o que podemos dizer!

Rogo ao Divino Inspirador de nossos corações para abençoar todos os interessados na posição de trabalhadores da última hora, a fim de que, quando chegar o momento do pagamento do salário combinado, não venhamos a reclamar daqueles que, no último instante, resolveram também abraçar as tarefas renovadoras que todos fomos chamados a realizar, recebendo os mesmos benefícios de poder permanecer em novas disposições de vida dentro do prisma superior.

Felizes com essa adesão e unidos no mesmo ideal de transformação, só podemos repetir a prece mais simples desses tempos:

Obrigado, Senhor! Obrigado, Senhor!

FICHA TÉCNICA

TÍTULO
Xeque-mate nas sombras;
A vitória da luz

AUTOR
Espírito André Luiz
Psicografia de Samuel Gomes

EDIÇÃO
1ª

ISBN
978-85-63365-94-1

CAPA
Lucas William

PROJETO GRÁFICO E DIAGRAMAÇÃO
Lucas William

REVISÃO DA DIAGRAMAÇÃO
Nilma Helena

PREPARAÇÃO DE ORIGINAIS
Maria José e Nilma Helena

REVISÃO ORTOGRÁFICA
Camila de Felice e Nilma Helena

COMPOSIÇÃO
Adobe Indesign CC 2017
(plataforma Windows 7)

PÁGINAS
214

TAMANHO
Miolo: 16 x 23 cm
Capa: 53 x 23 cm

TIPOGRAFIA
Bodiac 43 pt
Avenir LT com 35 Light, 12.5 pt
Times New Roman, 9 pt

MARGENS
22 mm; 25 mm; 25 mm; 22 mm
(superior; inferior; interna; externa)

PAPEL
Miolo em Pólen 80m/g²
Capa Duo Design 250g

CORES
Miolo: 1x1 CMYK
Capa: 4x0 CMYK

ACABAMENTO
Miolo: Brochura, cadernos de 32 páginas, costurados e colados.
Capa com laminação Boop Fosca

IMPRESSÃO
AtualDV (Curitiba/PR)

TIRAGEM
500 exemplares

PRODUÇÃO
Junho / 2021

NOSSAS PUBLICAÇÕES

www.editoradufaux.com.br

SÉRIE AUTOCONHECIMENTO

DEPRESSÃO E AUTOCONHECIMENTO - COMO EXTRAIR PRECIOSAS LIÇÕES DESSA DOR

A proposta de tratamento complementar da depressão aqui abordada tem como foco a educação para lidar com nossa dor, que muito antes de ser mental, é moral.

Wanderley Oliveira
16 x 23 cm
235 páginas

ebook

FALA, PRETO VELHO

Um roteiro de autoproteção energética através do autoamor. Os textos aqui desenvolvidos permitem construir nossa proteção interior por meio de condutas amorosas e posturas mentais positivas, para criação de um ambiente energético protetor ao redor de nossas vidas.

Wanderley Oliveira | Pai João de Angola
16 x 23 cm
291 páginas

QUAL A MEDIDA DO SEU AMOR?

Propõe revermos nossa forma de amar, pois estamos mais próximos de uma visão particularista do que de uma vivência autêntica desse sentimento. Superar limites, cultivar relações saudáveis e vencer barreiras emocionais são alguns dos exercícios na construção desse novo olhar.

Wanderley Oliveira | Ermance Dufaux
16 x 23 cm
208 páginas

APAIXONE-SE POR VOCÊ

Você já ouviu alguém dizer para outra pessoa: "minha vida é você"?
Enquanto o eixo de sua sustentação psicológica for outra pessoa, a sua vida estará sempre ameaçada, pois o medo da perda vai rondar seus passos a cada minuto.

Wanderley Oliveira
16 x 23 cm
152 páginas

A VERDADE ALÉM DAS APARÊNCIAS - O UNIVERSO INTERIOR

Liberte-se da ansiedade e da angústia, direcionando o seu espírito para o único tempo que realmente importa: o presente. Nele você pode construir um novo olhar, amplo e consciente, que levará você a enxergar a verdade além das aparências.

Samuel Gomes
16 x 23 cm
272 páginas

DESCOMPLIQUE, SEJA LEVE

Um livro de mensagens para apoiar sua caminhada na aquisição de uma vida mais suave e rica de alegrias na convivência.

Wanderley Oliveira
16 x 23 cm
238 páginas

7 CAMINHOS PARA O AUTOAMOR

O tema central dessa obra é o autoamor que, na concepção dos educadores espirituais, tem na autoestima o campo elementar para seu desenvolvimento. O autoamor é algo inato, herança divina, enquanto a autoestima é o serviço laborioso e paciente de resgatar essa força interior, ao longo do caminho de volta à casa do Pai.

Wanderley Oliveira | Pai João de Angola
16 x 23 cm
272 páginas

A REDENÇÃO DE UM EXILADO

A obra traz informações sobre a formação da civilização, nos primórdios da Terra, que contou com a ajuda do exílio de milhões de espíritos mandados para cá para conquistar sua recuperação moral e auxiliar no desenvolvimento das raças e da civilização. É uma narrativa do Apóstolo Lucas, que foi um desses enviados, e que venceu suas dificuldades íntimas para seguir no trabalho orientado pelo Cristo.

Samuel Gomes | Lucas
16 x 23 cm
368 páginas

AMOROSIDADE - A CURA DA FERIDA DO ABANDONO

Uma das mais conhecidas prisões emocionais na atualidade é a dor do abandono, a sensação de desamparo. Essa lesão na alma responde por larga soma de aflições em todos os continentes do mundo. Não há quem não esteja carente de ser protegido e acolhido, amado e incentivado nas lutas de cada dia.

Wanderley Oliveira | Ermance Dufaux
16 x 23 cm
300 páginas

MEDIUNIDADE - A CURA DA FERIDA DA FRAGILIDADE

Ermance Dufaux vem tratando sobre as feridas evolutivas da humanidade. A ferida da fragilidade é um dos traços mais marcantes dos aprendizes da escola terrena. Uma acentuada desconexão com o patrimônio da fé e do autoamor, os verdadeiros poderes da alma.

Wanderley Oliveira | Ermance Dufaux
16 x 23 cm
235 páginas

CONECTE-SE A VOCÊ - O ENCONTRO DE UMA NOVA MENTALIDADE QUE TRANSFORMARÁ A SUA VIDA

Este livro vai te estimular na busca de quem você é verdadeiramente. Com leitura de fácil assimilação, ele é uma viagem a um país desconhecido que, pouco a pouco, revela características e peculiaridades que o ajudarão a encontrar novos caminhos. Para esta viagem, você deve estar conectado a sua essência. A partir daí, tudo que você fizer o levará ao encontro do propósito que Deus estabeleceu para sua vida espiritual.

Rodrigo Ferretti
16 x 23 cm
256 páginas

APOCALIPSE SEGUNDO A ESPIRITUALIDADE - O DESPERTAR DE UMA NOVA CONSCIÊNCIA

Num curso realizado em uma colônia do plano espiritual, o livro Apocalipse, de João Evangelista, é estudado de forma dinâmica e de fácil entendimento, desvendando a simbologia das figuras místicas sob o enfoque do autoconhecimento.

Samuel Gomes
16 x 23 cm
313 páginas

VIDAS PASSADAS E HOMOSSEXUALIDADE - CAMINHOS QUE LEVAM À HARMONIA

"Vidas Passadas e Homossexualidade" é, antes de tudo, um livro sobre o autoconhecimento. E, mais que uma obra que trada do uso prático da Terapia de Regressão às Vidas Passadas . Em um conjunto de casos, ricamente descritos, o leitor poderá compreender a relação de sua atual encarnação com aquelas que ele viveu em vidas passadas. O obra mostra que absolutamente tudo está interligado. Se o leitor não encontra respostas sobre as suas buscas psicológicas nesta vida, ele as encontrará conhecendo suas vidas passadas.
Samuel Gomes

Dra. Solange Cigagna
16 x 23 cm
364 páginas

SÉRIE CONSCIÊNCIA DESPERTA

SAIA DO CONTROLE - UM DIÁLOGO TERAPEUTICO E LIBERTADOR ENTRE A MENTE E A CONSCIÊNCIA

Agimos de forma instintiva por não saber observar os pensamentos e emoções que direcionam nossas ações de forma condicionada. Por meio de uma observação atenta e consciente, identificando o domínio da mente em nossas vidas, passamos a viver conscientes das forças internas que nos regem.

Rossano Sobrinho
16 x 23 cm
268 páginas

SÉRIE CULTO NO LAR

VIBRAÇÕES DE PAZ EM FAMÍLIA

Quando a família se reúne para orar, ou mesmo um de seus componetes, o ambiente do lar melhora muito. As preces são emissões poderosas de energia que promovem a iluminação interior. A oração em família traz paz e fortalece, protege e ampara a cada um que se prepara para a jornada terrena rumo à superação de todos os desafios.

Wanderley Oliveira | Ermance Dufaux
16 x 23 cm
212 páginas

JESUS - A INSPIRAÇÃO DAS RELAÇÕES LUMINOSAS

Após o sucesso de "Emoções que curam", o espírito Ermance Dufaux retorna com um novo livro baseado nos ensinamentos do Cristo, destacando que o autoamor é a garantia mais sólida para a construção de relacionamentos luminosos.

Wanderley Oliveira | Ermance Dufaux
16 x 23 cm
304 páginas

REGENERAÇÃO - EM HARMONIA COM O PAI

Nos dias em que a Terra passa por transformações fundamentais, ampliando suas condições na direção de se tornar um mundo regenerado, é necessário desenvolvermos uma harmonia inabalável para aproveitar as lições que esses dias nos proporcionam por meio das nossas decisões e das nossas escolhas, [...].

Samuel Gomes | Diversos Espíritos
16 x 23 cm
223 páginas

PRECES ESPÍRITAS

Porque e como orar?
O modo como oramos influi no resultado de nossas preces?
Existe um jeito certo de fazer a oração?
Allan Kardec nos afirma que *"não há fórmula absoluta para a prece"*, mas o próprio Evangelho nos orienta que *"quando oramos, devemos entrar no nosso aposento interno do coração e, fechando a porta, busquemos Deus que habita em nós; e Ele, que vê nossa mais secreta realidade espiritual, nos amparará em todas as necessidades. Ao orarmos, evitemos as repetições de orações realizadas da boca para fora, como muitos que pensam que por muito falarem serão ouvidos. Oremos a Deus em espírito e verdade porque nosso Pai sabe o que nos é necessário, antes mesmo de pedirmos"*.
(Mateus 6:5 a 8)

Allan Kardec
16 x 23 cm
145 páginas

O EVANGELHO SEGUNDO O ESPIRITISMO

O Evangelho de Jesus Cristo foi levado ao mundo por meio de seus discípulos, logo após o desencarne do Mestre na cruz. Mas o Evangelho de Cristo foi, muitas vezes, alterado e deturpado através de inúmeras edições e traduções do chamado Novo Testamento. Agora, a Doutrina Espírita, por meio de um trabalho sob a óptica dos espíritos e de Allan Kardec, vem jogar luz sobre a verdadeira face de Cristo e seus ensinamentos de perdão, caridade e amor.

Allan Kardec
16 x 23 cm
431 páginas

 SÉRIE **DESAFIOS DA CONVIVÊNCIA**

QUEM SABE PODE MUITO. QUEM AMA PODE MAIS

A lição central desta obra é mostrar que o conhecimento nem sempre é suficiente para garantir a presença do amor nas relações. "Estar informado é a primeira etapa. Ser transformado é a etapa da maioridade." - Eurípedes Barsanulfo.

Wanderley Oliveira | José Mário
16 x 23 cm
312 páginas

QUEM PERDOA LIBERTA - ROMPER OS FIOS DA MÁGOA ATRAVÉS DA MISERICÓRDIA

Continuação do livro "QUEM SABE PODE MUITO. QUEM AMA PODE MAIS" dando sequência à trilogia "Desafios da Convivência".

Wanderley Oliveira | José Mário
16 x 23 cm
320 páginas

SERVIDORES DA LUZ NA TRANSIÇÃO PLANETÁRIA

Nesta obra recebemos o convite para nos integrar nas fileiras dos Servidores da Luz, atuando de forma consciente diante dos desafios da transição planetária. Brilhante fechamento da trilogia.

Wanderley Oliveira | José Mário
14x21 cm
298 páginas

SÉRIE ESPÍRITOS DO BEM

GUARDIÕES DO CARMA - A MISSÃO DOS EXUS NA TERRA

Pai João de Angola quebra com o preconceito criado em torno dos exus e mostra que a missão deles na Terra vai além do que conhecemos. Na verdade, eles atuam como guardiões do carma, nos ajudando nos principais aspectos de nossas vidas.

Wanderley Oliveira | Pai João de Angola
16 x 23 cm
288 páginas

GUARDIÃS DO AMOR - A MISSÃO DAS POMBAGIRAS NA TERRA

"São um exemplo de amor incondicional e de grandeza da alma. São mães dos deserdados e angustiados. São educadoras e desenvolvedoras do sagrado feminino, e nesse aspecto são capazes de ampliar, nos homens e nas mulheres, muitas conquistas que abrem portas para um mundo mais humanizado, [...]".

Wanderley Oliveira | Pai João de Angola
16 x 23 cm
232 páginas

GUARDIÕES DA VERDADE - NADA FICARÁ OCULTO

Neste momento de batalhas decisivas rumo aos tempos da regeneração, esta obra é um alerta que destaca a importância da autenticidade nas relações humanas e da conduta ética como bases para uma forma transparente de viver. A partir de agora, nada ficará oculto, pois a Verdade é o único caminho que aguarda a humanidade para diluir o mal e se estabelecer na realidade que rege o universo.

Wanderley Oliveira | Pai João de Angola
16 x 23 cm
236 páginas

SÉRIE ESTUDOS DOUTRINÁRIOS

ATITUDE DE AMOR

Opúsculo contendo a palestra "Atitude de Amor" de Bezerra de Menezes, o debate com Eurípedes Barsanulfo sobre o período da maioridade do Espiritismo e as orientações sobre o "movimento atitude de amor". Por uma efetiva renovação pela educação moral.

Wanderley Oliveira | Ermance Dufaux e Cícero Pereira
14 x 21 cm
94 páginas

SEARA BENDITA

Um convite à reflexão sobre a urgência de novas posturas e conceitos. As mudanças a adotar em favor da construção de um movimento social capaz de cooperar com eficácia na espiritualização da humanidade.

Wanderley Oliveira e Maria José Costa | Diversos Espíritos
14 x 21 cm
284 páginas

Gratuito em nosso site, somente em:

NOTÍCIAS DE CHICO

"Nesta obra, Chico Xavier afirma com seu otimismo natural que a Terra caminha para uma regeneração de acordo com os projetos de Jesus, a caracterizar-se pela tolerância humana recíproca e que precisamos fazer a nossa parte no concerto projetado pelo Orientador Maior, principalmente porque ainda não assumimos responsabilidades mais expressivas na sustentação das propostas elevadas que dizem respeito ao futuro do nosso planeta."

Samuel Gomes | Chico Xavier
16 x 23 cm
181 páginas

SÉRIE FAMÍLIA E ESPIRITUALIDADE

UM JOVEM OBSESSOR - A FORÇA DO AMOR NA REDENÇÃO ESPIRITUAL

Um jovem conta sua história, compartilhando seus problemas após a morte, falando sobre relacionamentos, sexo, drogas e, sobretudo, da força do amor na redenção espiritual.

Adriana Machado | Jefferson
16 x 23 cm
392 páginas

UM JOVEM MÉDIUM - CORAGEM E SUPERAÇÃO PELA FORÇA DA FÉ

A mediunidade é um canal de acesso às questões de vidas passadas que ainda precisam ser resolvidas. O livro conta a história do jovem Alexandre que, com sua mediunidade, se torna o intermediário entre as histórias de vidas passadas daqueles que o rodeiam tanto no plano físico quanto no plano espiritual. Surpresos com o dom mediúnico do menino, os pais, de formação Católica, se veem às voltas com as questões espirituais que o filho querido traz para o seio da família.

Adriana Machado | Ezequiel
16 x 23 cm
365 páginas

RECONSTRUA SUA FAMÍLIA - CONSIDERAÇÕES PARA O PÓS-PANDEMIA

Vivemos dias de definição, onde nada mais será como antes. Necessário redefinir e ampliar o conceito de família. Isso pode evitar muitos conflitos nas interações pessoais. O autoconhecimento seguido de reforma íntima será o único caminho para transformação do ser humano, das famílias, das sociedades e da humanidade.

Dr. Américo Canhoto
16 x 23 cm
237 páginas

 SÉRIE **HARMONIA INTERIOR**

LAÇOS DE AFETO - CAMINHOS DO AMOR NA CONVIVÊNCIA

Uma abordagem sobre a importância do afeto em nossos relacionamentos para o crescimento espiritual. São textos baseados no dia a dia de nossas experiências. Um estímulo ao aprendizado mais proveitoso e harmonioso na convivência humana.

Wanderley Oliveira | Ermance Dufaux
16 x 23 cm
312 páginas

  ESPANHOL

MEREÇA SER FELIZ - SUPERANDO AS ILUSÕES DO ORGULHO

Um estudo psicológico sobre o orgulho e sua influência em nossa caminhada espiritual. Ermance Dufaux considera essa doença moral como um dos mais fortes obstáculos à nossa felicidade, porque nos leva à ilusão.

Wanderley Oliveira | Ermance Dufaux
16 x 23 cm
296 páginas

  ESPANHOL

REFORMA ÍNTIMA SEM MARTÍRIO - AUTOTRANSFORMAÇÃO COM LEVEZA E ESPERANÇA

As ações em favor do aperfeiçoamento espiritual dependem de uma relação pacífica com nossas imperfeições. Como gerenciar a vida íntima sem adicionar o sofrimento e sem entrar em conflito consigo mesmo?

Wanderley Oliveira | Ermance Dufaux
16 x 23 cm
288 páginas

 ESPANHOL   INGLÊS

PRAZER DE VIVER - CONQUISTA DE QUEM CULTIVA A FÉ E A ESPERANÇA

Neste livro, Ermance Dufaux, com seus ensinos, nos auxilia a pensar caminhos para alcançar nossas metas existenciais, a fim de que as nossas reencarnações sejam melhor vividas e aproveitadas.

Wanderley Oliveira | Ermance Dufaux
16 x 23 cm
248 páginas

ESCUTANDO SENTIMENTOS - A ATITUDE DE AMAR-NOS COMO MERECEMOS

Ermance afirma que temos dado passos importantes no amor ao próximo, mas nem sempre sabemos como cuidar de nós, tratando-nos com culpas, medos e outros sentimentos que não colaboram para nossa felicidade.

Wanderley Oliveira | Ermance Dufaux
16 x 23 cm
256 páginas

 ESPANHOL

DIFERENÇAS NÃO SÃO DEFEITOS - A RIQUEZA DA DIVERSIDADE NAS RELAÇÕES HUMANAS

Ninguém será exatamente como gostaríamos que fosse. Quando aprendemos a conviver bem com os diferentes e suas diferenças, a vida fica bem mais leve. Aprenda esse grande SEGREDO e conquiste sua liberdade pessoal.

Wanderley Oliveira | Ermance Dufaux
16 x 23 cm
248 páginas

EMOÇÕES QUE CURAM - CULPA, RAIVA E MEDO COMO FORÇAS DE LIBERTAÇÃO

Um convite para aceitarmos as emoções como forma terapêutica de viver, sintonizando o pensamento com a realidade e com o desenvolvimento da autoaceitação.

Wanderley Oliveira | Ermance Dufaux
16 x 23 cm
272 páginas

SÉRIE REFLEXÕES DIÁRIAS

PARA SENTIR DEUS

Nos momentos atuais da humanidade sentimos extrema necessidade da presença de Deus. Ermance Dufaux resgata, para cada um, múltiplas formas de contato com Ele, de como senti-Lo em nossas vidas, nas circunstâncias que nos cercam e nos semelhantes que dividem conosco a jornada reencarnatória. Ver, ouvir e sentir Deus em tudo e em todos.

Wanderley Oliveira | Ermance Dufaux
11 x 15,5 cm
133 páginas
Somente ebook

LIÇÕES PARA O AUTOAMOR

Mensagens de estímulo na conquista do perdão, da aceitação e do amor a si mesmo. Um convite à maravilhosa jornada do autoconhecimento que nos conduzirá a tomar posse de nossa herança divina.

Wanderley Oliveira | Ermance Dufaux
11 x 15,5 cm
128 páginas
Somente ebook

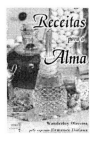

RECEITAS PARA A ALMA

Mensagens de conforto e esperança, com pequenos lembretes sobre a aplicação do Evangelho para o dia a dia. Um conjunto de propostas que se constituem em verdadeiros remédios para nossas almas.

Wanderley Oliveira | Ermance Dufaux
11 x 15,5 cm
146 páginas
Somente ebook

SÉRIE REGENERAÇÃO

FUTURO ESPIRITUAL DA TERRA

As necessidades, as estruturas perispirituais e neuropsíquicas, o trabalho, o tempo, as características sociais e os próprios recursos de natureza material se tornarão bem mais sutis. O futuro já está em construção e André Luiz, através da psicografia de Samuel Gomes, conta como será o Futuro Espiritual da Terra.

Samuel Gomes | André Luiz
16 x 23 cm
344 páginas

XEQUE-MATE NAS SOMBRAS - A VITÓRIA DA LUZ

André Luiz traz notícias das atividades que as colônias espirituais, ao redor da Terra, estão realizando para resgatar os espíritos que se encontram perdidos nas trevas e conduzi-los a passar por um filtro de valores, seja para receberem recursos visando a melhorar suas qualidades morais – se tiverem condições de continuar no orbe – seja para encaminhá-los ao degredo planetário.

Samuel Gomes | André Luiz
16 x 23 cm
212 páginas

A DECISÃO - CRISTOS PLANETÁRIOS DEFINEM O FUTURO ESPIRITUAL DA TERRA

"Os Cristos Planetários do Sistema Solar e de outros sistemas se encontram para decidir sobre o futuro da Terra na sua fase de regeneração. Numa reunião que pode ser considerada, na atualidade, uma das mais importantes para a humanidade terrestre, Jesus faz um pronunciamento direto sobre as diretrizes estabelecidas por Ele para este período."

Samuel Gomes | André Luiz e Chico Xavier
16 x 23 cm
210 páginas

SÉRIE ROMANCE MEDIÚNICO

OS DRAGÕES - O DIAMANTE NO LODO NÃO DEIXA DE SER DIAMANTE

Um relato leve e comovente sobre nossos vínculos com os grupos de espíritos que integram as organizações do mal no submundo astral.

Wanderley Oliveira | Maria Modesto Cravo
16 x 23cm
522 páginas

LÍRIOS DE ESPERANÇA

Ermance Dufaux alerta os espíritas e lidadores do bem de um modo geral, para as responsabilidades urgentes da renovação interior e da prática do amor neste momento de transição evolutiva, através de novos modelos de relação, como orientam os benfeitores espirituais.

Wanderley Oliveira | Ermance Dufaux
16 x 23 cm
508 páginas

AMOR ALÉM DE TUDO

Regras para seguir e rótulos para sustentar. Até quando viveremos sob o peso dessas ilusões? Nessa obra reveladora, Dr. Inácio Ferreira nos convida a conhecer a verdade acima das aparências. Um novo caminho para aqueles que buscam respeito às diferenças e o AMOR ALÉM DE TUDO.

Wanderley Oliveira | Inácio Ferreira
16 x 23 cm
252 páginas

ABRAÇO DE PAI JOÃO

Pai João de Angola retorna com conceitos simples e práticos, sobre os problemas gerados pela carência afetiva. Um romance com casos repletos de lutas, desafios e superações. Esperança para que permaneçamos no processo de resgate das potências divinas de nosso espírito.

Wanderley Oliveira | Pai João de Angola
16 x 23 cm
224 páginas

UM ENCONTRO COM PAI JOÃO

A obra também fala do valor de uma terapia, da necessidade do autoconhecimento, dos tipos de casamentos programados antes do reencarne, dos processos obsessivos de variados graus e do amparo de Deus para nossas vidas por meio dos amigos espirituais e seus trabalhadores encarnados. Narra também em detalhes a dinâmica das atividades socorristas do centro espírita.

Wanderley Oliveira | Pai João de Angola
16 x 23 cm
220 páginas

O LADO OCULTO DA TRANSIÇÃO PLANETÁRIA

O espírito Maria Modesto Cravo aborda os bastidores da transição planetária com casos conectados ao astral da Terra.

Wanderley Oliveira | Maria Modesto Cravo
16 x 23 cm
288 páginas

PERDÃO - A CHAVE PARA A LIBERDADE

Neste romance revelador, conhecemos Onofre, um pai que enfrenta a perda de seu único filho com apenas oito anos de idade. Diante do luto e diversas frustrações, um processo desafiador de autoconhecimento o convida a enxergar a vida com um novo olhar. Será essa a chave para a sua libertação?

Adriana Machado | Ezequiel
14 x 21 cm
288 páginas

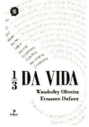

1/3 DA VIDA - ENQUANTO O CORPO DORME A ALMA DESPERTA

A atividade noturna fora da matéria representa um terço da vida no corpo físico, e é considerada por nós como o período mais rico em espiritualidade, oportunidade e esperança.

Wanderley Oliveira | Ermance Dufaux
16 x 23 cm
279 páginas

NEM TUDO É CARMA, MAS TUDO É ESCOLHA

Somos todos agentes ativos das experiências que vivenciamos e não há injustiças ou acasos em cada um dos aprendizados.

Adriana Machado | Ezequiel
16 x 23 cm
536 páginas

RETRATOS DA VIDA - AS CONSEQUÊNCIAS DO DESCOMPROMETIMENTO AFETIVO

Túlio costumava abstrair-se da realidade, sempre se imaginando pintando um quadro; mais especificamente pintando o rosto de uma mulher.
Vivendo com Dora um casamento já frio e distante, uma terrível e insuportável dor se abate sobre sua vida. A dor era tanta que Túlio precisou buscar dentro de sua alma uma resposta para todas as suas angústias..

Clotilde Fascioni
16 x 23 cm
175 páginas

O PREÇO DE UM PERDÃO - AS VIDAS DE DANIEL

Daniel se apaixona perdidamente e, por várias vidas, é capaz de fazer qualquer coisa para alcançar o objetivo de concretizar o seu amor. Mas suas atitudes, por mais verdadeiras que sejam, o afastam cada vez mais desse objetivo. É quando a vida o para.

André Figueiredo e Fernanda Sicuro | Espírito Bruno
16 x 23 cm
333 páginas

Livros que transformam vidas!

Acompanhe nossas redes sociais

(lançamentos, conteúdos e promoções)

📷 @editoradufaux

📘 facebook.com/EditoraDufaux

▶ youtube.com/user/EditoraDufaux

Conheça nosso catálogo e mais sobre nossa editora. Acesse os nossos sites

Loja Virtual

🌐 www.dufaux.com.br

eBooks, conteúdos gratuitos e muito mais

🌐 www.editoradufaux.com.br

Entre em contato com a gente.

Use os nossos canais de atendimento

💬 (31) 99193-2230

📞 (31) 3347-1531

🌐 www.dufaux.com.br/contato

✉ sac@editoradufaux.com.br

📍 Rua Contria, 759 | Alto Barroca | CEP 30431-028 | Belo Horizonte | MG